데미안

세계교양전집 17

데미안

헤르만 헤세 지음
이민정 옮김

올리버

헤르만 헤세Hermann Hesse

· 차례 ·

프롤로그

아주 오래전 기억을 되짚어보지 않고서는 내 이야기를 시작할 수 없다. 가능하다면 나로선 최대한 과거 시점으로 돌아가보고 싶다. 어린 시절 중에서도 가장 초기에 해당하는 시간으로, 나아가 내 가족의 기원으로 말이다.

소설을 쓰는 작가는 자칫 자신이 신인 것처럼 행동하기 쉽다. 모든 인간사를 꿰뚫어 이해하고 노골적 진실을 그대로 일러주는 전능의 신처럼 말이다. 그리고 나 역시 그들과 크게 다르진 않을 것이다. 하지만 다른 작가도 그러하듯 내겐 내 이야기가 다른 누구의 것보다 중요하다. 그건 그 이야기가 바로 나 자신의 이야기이기 때문이다. 또한 그것은 꾸며내거나 지어낸 사람이 아닌 실제로 살아 숨 쉬는 유일무이한 존재로서의 한 인간에 대한 이야기이기도 하다. 오늘날 살아 숨 쉬는 인간의 의미는 그 어느 때보다 모호해져 무수한 사람들이 총에 맞아 나가떨어지고 있다. 각자가 그 자체로 소중하며 자연이 시도한 특별한 실험의 산물이기도 한 그 사람들이 말이다. 만일 우리가 유일무이한 인간 그 이상의 의미를 지니지 못

한다면, 그리고 한 사람 한 사람을 총으로 쏴 이 세상에서 사라지게
할 수 있는 거라면 더 이상 이야기를 이어갈 의미는 없어질 것이다.
하지만 각자의 인간은 그 자신일 뿐 아니라 고유하고 특별하며 늘
중요하고 놀라운 지점이기도 하다. 그리고 바로 이 지점에서 세상의
모든 현상이 오로지 단 한 번 교차하게 되며, 이러한 까닭에 모든
사람의 이야기가 중요하고 영원하며 성스러운 것이다. 따라서 모든
이들은 삶을 이어가며 자연의 의지를 이행하는 한 더없이 훌륭한
피조물로서 최대한 주목받아 마땅하다. 각각의 개인 안에서 정신이
이루어지고 그 안에서 피조물은 고통받으며 또 그 안에서 구세주가
십자가에 못 박혀 죽는다.

진정 인간이란 무엇인지 아는 사람은 요즘 들어 드물다. 많은 이
들은 그저 직감적으로 인간의 의미를 감지하기에 보다 수월한 죽음
을 맞이하는 것이다. 내가 이 이야기를 마치고 나면 좀 더 편안히 눈
감게 될 것처럼 말이다.

나는 스스로 학자라고 칭할 수 없다. 난 늘 그래왔고 지금도 그
렇듯 구도자의 길을 걷지만, 별이나 책에서 길을 찾진 않는다. 나는
내 안에서 피를 타고 흐르며 속삭이는 가르침의 소리를 듣기 시작
했다. 내 이야기는 마냥 유쾌하지 않으며 지어낸 이야기들처럼 매끄
럽고 조화롭지도 못하다. 대신 더 이상 자신을 기만하지 않기로 한
사람들의 삶이 그러하듯 내 이야기에는 부조리와 혼돈, 광기와 꿈
이 한데 뒤섞여 있다.

모든 인간의 삶은 그 자신에게로 향하는 길이자 시도인 동시에
하나의 길에 대한 제시일 것이다. 여태 그 누구도 완전히 자신이었
던 적은 없었지만, 모든 인간은 그렇게 되려 분투한다. 아둔한 자든

영리한 자든 각자 가능한 선에서 최선을 다하면서 말이다. 그런가 하면 각각의 인간은 생을 마감하는 순간까지 출생의 흔적, 그러니까 태고의 점액과 알껍데기를 지니고 다닌다. 절대 인간이 되지 못하는 사람들도 많다. 그들은 개구리와 도마뱀, 개미로 남아 살아가게 된다. 또 어떤 이들은 상반신은 인간이요 하반신은 물고기인 모습을 지니기도 한다. 그렇다 하더라도 그들 각자는 인간을 창조해 보려 한 자연의 시도를 나타내고 있다. 우리는 하나같이 어머니로부터 비롯되었다. 하지만 어머니의 가장 깊은 부분으로부터 내던져진 각각의 개인은 자신만의 목표를 향해 분투하며 나아간다. 따라서, 비록 우리가 상대를 이해할 수 있을지라도 자기 자신은 오롯이 그 자신만이 해석해 낼 수 있는 것이다.

1

두 세계에 대하여

이야기는 내가 작은 시골 마을 초등학교에 다니던 열 살 무렵의 일부터 시작한다.

어둑어둑하거나 햇볕 내리쬐는 거리와 집들, 그리고 탑들, 시계 종소리와 사람들의 표정, 안락하고 따뜻한 환대의 분위기가 감도는 방들, 온갖 비밀과 마음 깊은 곳에서 올라오는 기이한 공포심으로 가득한 방들. 이 같은 그 시절의 여러 대상에서 풍기던 향기가 아직까지 느껴질 때면 왠지 모를 구슬픈 감정이 차오르는 동시에 기분 좋은 기쁨의 전율이 나를 휩쓸고 지나간다. 그 시절은 따스함이 감도는 구석진 공간들과 토끼들, 하녀들, 집에서 만든 각종 약제와 말린 과일의 내음이 감도는 세상으로 두 세계가 만나는 접점이었다. 그러니까 완전히 상반되는 극과 극에서 발현된 낮과 밤이 그곳에 드리웠다.

우선은 내 부모님만의 국한된 공간인 부모님의 집이라는 세계가 있었다. 이 세계는 여러모로 내게 익숙한 곳으로 어머니와 아버지, 자애와 엄격함, 모범적 행실과 학교로 이루어졌다. 그곳은 고요한 총명함과 투명함, 청결함의 세계여서 그 안에서는 온화하고 정감 어린 대화와 깨끗한 손과 옷가지, 그리고 예의범절이 당연시되었다. 또 아침이면 찬송가를 부르고 크리스마스를 축하하는 곳이기도 했다. 그뿐만 아니라 이 세계에는 미래로 곧장 이어지는 선과 길이 존재했으며 의무와 책임, 양심의 가책과 죄의 자백, 용서와 문제의 적절한 해결, 사랑과 존경, 지혜와 성경에 대한 이해가 공존했다. 다시 말해 이 세계에서는 처신을 잘해야지만 티끌 하나 없이 오염되지 않으면서도 아름답게 질서 잡힌 삶을 영위할 수 있었다.

그런가 하면 우리 집 한가운데서 시작된 완전히 다른 성격의 또다른 세계가 있었으니, 그곳에선 다른 냄새가 풍겼고 쓰는 언어도 달랐으며 요구하고 약속하는 바도 이전 세계와는 상이했다. 이 두번째 세계에는 하녀와 일꾼이 살았고 유령에 관한 이야기와 스캔들로 떠들썩한 소문들, 터무니없지만 호기심을 자극하는 온갖 무시무시하고 베일에 싸인 사건들이 난무했다. 그러니까 도축장과 교도소, 술주정뱅이들과 잔소리해대는 아낙들, 산통에 몸부림치는 암소들, 고꾸라진 말들은 물론 집에 강도가 들었다거나 누가 누굴 죽이고 또 누구는 자살로 생을 마감했다는 식의 이야기도 전부 여기에 속했다. 이런 식의 흥미롭고 흉측하며 거칠고 잔혹한 사건들은 도처에 널려 있어 인접한 거리와 옆집에서도 얼마든지 찾아볼 수 있었다. 이 세계에서는 경찰들과 부랑자들이 섞여 돌아다녔고 술꾼들이 아내들을 패댔으며 어스름한 저녁이면 젊은 여자들이 공장에서 몰려나왔다. 늙은 여자들의 수법에 걸려드는 날엔 몸져누울지도 모를 일이었다. 숲에는 도둑들이 숨어 살았고 기마경찰들은 선동자들을 잡아들였다. 이처럼 격정적인 두 번째 세계가 풍기는 냄새는 어디서건 맡아볼 수 있었다. 그러니까 내 어머니와 아버지가 살고 있는 우리 집 외의 모든 장소에서는 그런 냄새가 났다. 우리 집이라는 공간에서만큼은 모든 것이 올바르게 흘러간 것이다. 사실 평화와 질서, 평정, 의무, 제대로 된 양심, 용서와 사랑으로 가득한 집에서 산다는 건 꽤나 멋진 일이었다. 물론 소란스럽고 시끄러우며 침울하고 폭력적인 또 다른 세계 역시 존재했지만, 한 발짝 뛰어오르기만 하면 다시금 어머니에게로 잽싸게 돌아가 안길 수 있다는 사실도 그에 못지않게 매력적이었다.

한 가지 이상한 점이라면 서로 다른 이 두 세계가 알고 보면 서로 너무도 인접해 있다는 것이었다. 가령 우리 집에서 부리는 하녀 리나가 저녁기도 시간마다 깔끔하게 매만진 기다란 앞치마 위에 깨끗하게 씻은 두 손을 포갠 채 거실 문간에 앉아 꾀꼬리 같은 목소리로 찬송가를 부를 때면 그녀는 분명 전적으로 어머니와 아버지, 그러니까 우리가 몸담고 있는 밝고 정의로운 세계에 속했다. 하지만 기도가 끝나자마자 부엌이나 장작을 쌓아둔 헛간으로 자리를 옮겨 내게 머리 없는 난쟁이 이야기를 해주거나 작은 푸줏간에서 동네 사람들과 언쟁을 벌일 때의 그녀는 완전히 다른 사람으로 탈바꿈해 또 다른 세계에 속했기 때문에 알 수 없는 신비로움에 감싸인 듯했다. 사실 따지고 보면 모든 이들이 똑같이 그러했고, 무엇보다 나 자신이 그랬다. 물론 나는 두말할 것 없이 부모님의 자식 된 자로서 밝고 정의로운 세계에 속했지만, 귀를 열고 시선의 방향을 조금만 달리하면 곧장 다른 세계를 포착하게 된 탓에 그 다른 세계에도 절반쯤 발을 들이고 살아갔다. 물론 그 세계는 종종 이상하리만치 생경하여 어찌할 도리 없이 공포심과 양심의 가책에 시달리기도 했지만 말이다. 어쨌거나 나는 이따금씩 금단의 세계에서 생활하길 즐겼고, 당연히 그래야 하긴 했지만 본래 속한 밝은 세계로 돌아가야 할 때면 매력적이지 못한 데다 더욱더 단조롭고 지루한 어떤 공간으로 복귀하는 기분이었다. 내가 종종 자각한 바로는 이 생에서 내 운명은 아버지와 어머니처럼 흠 없이 정의롭고 기강 잡힌 삶을 살아가는 거였다. 하지만 그렇게 되려면 밟아야 할 절차가 많았는데, 우선은 학교에서 정규 교육과정을 이수해야 했고 수많은 테스트와 시험을 거쳐야 했다. 한편 그러한 과정을 밟다보면 늘 또 다른 어두운 세계를 지나치게 마련이었고, 어쩌다 그 세계에 영영 눌러앉게 된다 해도 아예 말이 안 되는 건 아니었다. 그러고 보니 그런 일을 겪은 탕아들에 관한 이야기를 대단히 흥미롭게 읽은 적이 있다. 탕아들은 늘 제 아비와 옳고 고결한 길로 돌아가게 마련이었는데 그들이 너무도 멋지게 구원받는 것만 같아 나는 그렇게 하는 것이야말로 바르고 선하며 가치 있는 일이라고 확신하기에 이르렀다. 하지만 그럼에도 불구하고 못되고 방황하는 자들을 다룬 이야기에 훨씬 더 끌리는 건 어쩔 수 없었다. 만일 속내를 터놓고 말해도 된다면 탕아들이 속죄하고 다시금 '바른길'로 들어서게 되는 것이 종종 안타깝게 여겨졌다. 물론 이런 기분은 일종의 예감이나 어떤 일이 벌어질 가능성처럼 마음속 저 깊은 곳에 막연히 자리할 따름이었지만 말이다. 어쨌거나 악마라는 존재를 홀로 가만히 떠올릴 때면 그 모습이 변화무쌍하든 아니든 간에 아래쪽 길거리나 장터, 선술집 등에는 쉽사리 나타날 것 같았지만 절대 우리 집 안은 아니었다.

누나들 역시 밝은 빛의 세계에 속한 사람들이었다. 그들은 기질적으로도 아버지와 어머니 쪽에 더 가까워서 나보다 교양도 있고 잘못도 덜 저지르는 것 같아 보였다. 물론 누나들에게도 결점은 있었고 괴팍한 언행을 하기도 했지만, 내가 보기에 심각한 수준에 이른 건 아니었다. 악과의 조우가 숨 막힐 듯 고통스럽긴 해도 어두운 세계에 훨씬 더 근접한 내 경우와는 차원이 달랐던 것이다. 자연히 그들은 부모님과 마찬가지로 상처받지 않도록 보호받고 존중받아야 했으며, 누군가 그들과 싸우기라도 했다면 이후 잘못했다고 여기는 건 늘 그 상대편이었다. 마치 그가 싸움을 선동했기 때문에 용서라도 구해야 한다는 듯 말이다. 누나들에게 상처를 주는 건 부모님의 뜻을 거스른다는 의미였으므로 선행의 도리를 저버리는 것만 같아 죄책감에 휩싸이기 일쑤였다. 사실 누나들보다는 차라리 타락의 늪에 빠진 거리의 부랑아에게 터놓았으면 하는 비밀도 없지 않았다. 그래도 주변 모든 것이 밝게 빛나고 내 양심이 제구실을 하는 것만 같은 괜찮은 날엔 나도 누나들과 즐겁게 어울려 놀며 그들에게 다정하고 친절하게 굴었고 그들처럼 고상한 매력을 풍기는 듯했다. 그럴 때면 마치 천사라도 된 기분이었고 그것이야말로 우리가 떠올릴 수 있는 최고의 고매한 경지였다. 우리 생각에 천사가 되면 크리스마스를 비롯해 온갖 행복한 기억을 불러일으키는 감미로운 음악과 향기에 둘러싸일 것이므로 더없이 달콤하고 멋진 나날을 보낼 것만 같았다. 하지만 그토록 평화롭고 달콤한 시간과 기회는 좀처럼 찾아들지 않았으니!

이따금씩 전혀 해롭지 않은 허락된 놀이를 하다가도 누나들 입장에서는 분위기가 너무 자극적이고 격렬하게 흘러 말다툼과 불평이 야기될 때도 있었다. 그럴 때면 나는 이성을 잃고 너무도 형편없고 타락한 말과 행동을 보이기 일쑤여서 그 와중에도 내 가슴은 타들어가는 것만 같았다. 또 이런 일이 있고 나면 몇 시간 동안 혼자서 슬퍼하고 뉘우치며 우울해하다가 결국 용서해달라고 간청해야 하는 고통스러운 순간과 맞닥뜨리게 마련이었다. 하지만 그런 과정을 거치고 나면 다시금 한 줄기 온화한 빛이 내리쬐는 듯 고요하고 밝은 선의 기운이 몇 시간이고 주변에 머물렀다. 물론 때에 따라선 얼마 지나지 않아 그런 평온한 기운이 사라지기도 했지만 말이다.

나는 마을에 있는 초등학교에 다녔다. 시장의 아들과 삼림 감독 책임자의 아들이 같은 반에 있어서 나는 종종 그들과 어울렸다. 제멋대로인 아이들이긴 했지만, 그래도 그들은 '모범적' 세계에 속해 있었다. 하지만 나는 이웃의 다른 사내아이들과도 어느 정노 가깝게 지냈는데, 그들은 평소 우리가 무시하던 평범한 마을 아이들이었다. 내가 하려는 이야기도 이 아이들 중 하나와 관련되어 있다.

수업이 없는 어느 오후, 갓 열 살을 넘긴 나는 이웃 사내아이 두 명과 어울려 놀고 있었다. 조금 있으려니 우리보다 좀 더 큰 아이 하나가 다가와 함께 어울리게 되었는데, 열세 살가량 된 그는 양복점 집 아들로 동네의 다른 학교에 다녔으며 다소 거칠고 체구도 건장했다. 그 아이의 아버지는 늘 술에 빠져 지냈고 그 집 식구들 전부 평판이 좋지 않았다. 프란츠 크로머에 대해서는 익히 알고 있던 터라 그 아이가 우리에게 다가왔을 땐 덜컥 겁부터 났고 아주 불편했다. 그는 이미 어른들의 습성을 익혀 공장에서 일하는 청년들의 걸음걸이와 말투 따위를 따라 하고 다녔다. 우리는 그를 우두머리로 앞장세워 다리 근처 강둑을 기어 내려와서는 처음 보이는 아치형 다리 기둥 아래에 몸을 숨겼다. 아치형 다리와 느릿느릿 흐르는 강 사이로 난 좁은 길에는 일반 쓰레기와 깨진 병, 녹슨 철조

망 뭉치, 강에서 밀려온 쓰레기 따위만 널려 있을 뿐 그 외에 다른 건 찾아볼 수 없었지만, 그래도 가끔씩은 쓸 만한 것들을 발견하기도 했다. 프란츠 크로머가 지시하면 우리는 기다랗게 뻗은 이 강둑 길을 이 잡듯 뒤져 각자 찾아낸 전리품들을 그에게 내밀었고, 그는 우리가 보여준 물건들을 살핀 뒤 자기가 갖거나 아니면 강물 속으로 던져버렸다. 그는 또 납이나 놋쇠, 주석을 소재로 한 물건들이 있는지 신경 써서 살피라고 했는데, 그런 물건은 물론이고 동물의 뿔로 만든 빗까지 자기가 챙겼다. 그와 함께하는 시간은 불편하기 짝이 없었다. 그건 아버지가 그와 어울리지 말라고 할 게 뻔해서가 아니라 그저 프란츠라는 아이 자체가 두려웠기 때문이었다. 그렇지만 나는 그의 무리에 들어가 다른 아이들과 똑같이 취급받을 수 있어서 다행이라 여겼다. 나로선 처음 겪는 일이긴 했지만, 우리가 그의 명령에 복종하는 건 일종의 오래된 관행처럼 자연스러운 일이었다.

드디어 우린 바닥에 둘러앉았다. 프란츠는 강에다 연신 침을 뱉어대는 폼이 어른 같았다. 그는 곧잘 이빨 사이로 침을 뱉어 목표물을 맞히곤 했다. 이윽고 대화가 시작되자 사내아이들은 자신들이 저지른 과감한 짓거리와 끔찍한 장난을 거론하며 뽐내기 바빴다. 나는 말없이 잠자코 있었지만 그렇게 가만히 있다가 프란츠 크로머의 화를 돋울까 두려웠다. 나와 같이 있던 친구들은 프란츠가 등장했을 때부터 그에게 빌붙어 알랑대며 내게서 멀어진 터였다. 그렇게 나는 그들 사이에서 이방인이나 마찬가지였고 내가 입은 옷이나 태도는 그들에게 일종의 도전으로 받아들여질 것만 같았다. 또 상류층 학교에 다니는 귀족 집안 자제인 나를 프란츠가 좋아할 리 만무했고, 나머지 두 놈도 경우에 따라선 쉽사리 나를 떠나 등을 돌릴

게 뻔했다.

초조함을 견딜 수 없었던 나는 결국 대화에 끼어들어 나만의 이야기를 풀어놓기 시작했다. 나는 도둑질을 한 것처럼 긴 이야기를 만들어내고 나 자신을 도둑질의 장본인인 양 포장했다. 그러니까 어느 날 밤 방앗간 옆 모퉁이에서 친구 한 놈을 만나 자루 한가득 사과를 훔쳐냈으며, 그것도 그저 평범한 사과가 아니라 최상품에 속하는 골든 피핀 종 사과였다고 말이다. 난 순간의 위기를 모면하고자 스스로 만들어낸 이야기 속으로 피신했으며 그 이야기를 꾸며내고 풀어놓는 것이 전혀 어렵지 않았다. 너무 빨리 이야기를 끝내고 싶지도 않았지만 더 끔찍한 일이 벌어지는 것도 원하지 않았기에 나는 한껏 상상의 나래를 펼쳐 마음 가는 대로 이야기를 풀어놨다. 나는 우리 중 하나가 나무 위에서 아래로 사과를 떨어뜨리는 동안 나머지 한 사람이 내내 망을 봤다고 했다. 그리고 결국에는 사과를 담은 자루가 너무 무거워진 나머지 자루를 다시 풀어 사과를 절반 정도 덜어내야 했지만, 한 시간 반 후쯤 다시 돌아와 덜어냈던 분량마저 가지고 갔다고 덧붙였다.

사실 이야기를 마쳤을 땐 누군가 박수라도 좀 쳐줄 줄 알았다. 이야기를 하느라 잔뜩 열을 낸 나는 자신의 열변에 도취된 상태였던 것이다. 나이가 더 어린 두 놈은 말없이 잠자코 기다렸지만, 프란츠 크로머는 눈을 가늘게 뜬 채 뚫어져라 나를 쳐다보며 협박조로 이렇게 물었다.

"방금 네가 늘어놓은 그 이야기가 전부 사실이란 말이야?"

"물론이지"라고 나는 대답했다.

"진짜 틀림없단 말이지?"

"그래, 진짜로 틀림없이 그랬어"라고 나는 도도한 투로 단언했지만, 사실 속으로는 겁에 질려 숨이 막힐 지경이었다.

"맹세할 수 있겠어?"

두렵기 그지없었지만 나는 일단 망설임 없이 "그래, 맹세할게"라고 말해버렸다.

"가슴에 손을 얹고 맹세해?"

"그럼, 가슴에 손을 얹고!"

"그럼 됐어" 그는 이렇게 말하고는 고개를 돌렸다.

난 일이 잘 마무리되었다고 여겼고 마침내 그가 일어나 집으로 돌아가려 하는 걸 보고는 안도했다. 우리 일행이 다리에 이르렀을 때 나는 이제 집에 가봐야 한다고 쭈뼛거리며 조심스레 말을 꺼냈다.

"그렇게 안달복달하며 서두를 건 없잖아"라고 내뱉은 프란츠가 웃음을 터뜨리며 이렇게 덧붙였다. "어차피 우린 방향도 같으니까 뭐."

그는 한가롭게 어슬렁거리며 걸었고 나는 감히 그런 그를 앞지를 수 없었다. 그런데 알고 보니 그는 정말 우리 집 쪽으로 향하고 있었다. 드디어 집에 당도해 현관과 문에 달린 두꺼운 고리 쇠, 창들을 비추는 해, 어머니 방에 드리워진 커튼을 마주하고 나니 절로 안도의 한숨이 새어 나왔다. 마침내 집으로 돌아올 수 있어 얼마나 기뻤던가! 그 순간만큼은 밝고 평온한 세계인 집으로 돌아온 것이 더없는 행복이자 축복으로 여겨졌다.

잽싸게 문을 열고 들어간 나는 쾅 하고 문을 밀어 닫으려 했지만, 프란츠 크로머가 멋대로 몸을 욱여넣어 안으로 들어왔다. 타일을 깐 복도는 서늘한 데다 어둑어둑했고 안마당 쪽에서만 빛이 들어오고 있었다. 내게 바짝 다가온 그는 한껏 목소리를 낮춰 이렇게 말했다. "너무 서두르지 말지."

나는 잔뜩 겁에 질려 그를 쳐다봤다. 내 팔을 꽉 움켜쥔 그의 손은 마치 강철처럼 단단했다. 그가 대체 어떻게 할 작정인지, 내게 해코지하려는 건 아닌지 자못 궁금했다. 만일 내가 지금 당장 큰 소리로 비명이라도 질러댄다면 위층에서 누군가 황급히 내려와 나를 구해줄 수 있을까? 하지만 그건 잠깐 스쳐 지나가는 생각일 뿐이었다.

"왜 그래?"라고 나는 프란츠에게 물었다. '뭘 원하는 거지?'

"아, 대단한 건 아냐. 그냥 뭐 좀 물어보려고. 우리 둘만 있을 때 물어보고 싶었어."

"그래? 알고 싶은 게 뭐지? 알다시피 난 이제 올라가봐야 해."

"이봐, 모퉁이에 있는 방앗간 옆 과수원이 누구 것인지 알고 있겠지?"

"아니, 잘 모르겠는데. 방앗간 주인 것이 아닐까."

프란츠가 내게 팔을 두르고 자기 쪽으로 끌어당겼기 때문에 나는 어쩔 수 없이 가까이서 그의 얼굴을 보게 되었다. 그는 짓궂게 눈을 반짝이며 흉측한 웃음을 지었고, 얼굴에는 잔인함과 당당한 기운이 서려 있었다.

"그렇담 말이야, 과수원이 누구 건지 알려줘 볼까. 사실 난 한참 전부터 사과가 도둑맞고 있다는 걸 알았지. 그뿐인 줄 아니. 그 과수원 주인은 말이야, 사과를 훔쳐간 범인을 알려주는 이에겐 무조건 2마르크를 대가로 주기로 했다고."

"오, 이런!" 나는 외마디 소리를 내뱉었다. "너 설마 과수원 주인에게 이르진 않을 거지?"

물론 도의를 내세워 그에게 매달리는 게 아무 소용없다는 건 금세 느껴졌다. 그는 나와 '다른' 세계에 속해 있어서 배신 따위는 죄악으로 여기지 않았으니 말이다. 그 정도는 나 역시 똑똑히 가늠할 수 있었다. '다른' 세계에 속한 사람들은 이런 문제에 관한 입장이 우리와 다른 법이다.

"이르지 않는다니! 이봐, 친구. 내가 돈을 마구 찍어내고 마음만 먹으면 2마르크 정도야 얼마든지 만들어낼 것 같아 보여? 아니, 난 가난해. 난 너처럼 부자 아버지를 두지 못해서 2마르크를 벌 수 있다면 무슨 짓이라도 해서 그걸 손에 넣을 거라고. 혹시 모르지. 이 일을 과수원 주인에게 알리면 2마르크에다 돈을 좀 더 얹어줄지도 몰라."

그러고 나서 프란츠는 갑작스레 내게서 손을 떼고 물러났다. 집안 복도는 더 이상 평온하고 안전해 보이지 않았다. 내가 여태 알고 있던 세계가 눈앞에서 뒤집혀 굴러떨어지고 있었다. 프란츠는 나를 범인으로 고발할 테고, 그러면 사람들이 아버지에게 그 사실을 알릴 게 뻔했다. 어쩌면 경찰이 집으로 찾아올지도 모를 일이었다. 불현듯 혼란스럽기 그지없는 공포가 덮쳐왔다. 내 앞날은 끔찍하고도 위태로웠다. 내가 실제 절도범이 아니라는 사실은 그리 중요하지 않았다. 분명 내가 그랬노라고 프란츠에게 맹세까지 했던 것이다. 오, 이럴 수가! 나도 모르게 눈물이 차올랐다. 어떻게 해서든 대가를 치르고 이 상황에서 빠져나가야 한다는 생각에 나는 필사적으로 주머니를 뒤졌다. 하지만 내게선 그 흔해 빠진 사과 한 알, 주머니칼 하나도 나오지 않았다. 그러다 문득 시계가 떠올랐다. 그건 은으로 된 시계로 언젠가부터 멈춰 있었는데, 나는 그저 '그 상태 그대로'

차고 다녔다. 사실 그 시계는 할머니께 물려받은 것이었다. 나는 재빨리 시계를 풀어 내밀었다.

'크로머'라고 나는 입을 열었다. "절대 이르면 안 돼. 행여 네가 이르기라도 한다면 정말 끔찍할 거야. 이봐, 내 시계를 가져가. 지금 내가 가진 건 그게 다지만, 그래도 네게 줄게. 그건 은으로 만든 거야." 곧이어 나는 초조한 목소리로 덧붙였다. "정말 잘 만든 시계지. 아주 조금 흠이 있긴 해도 쉽게 손볼 수 있을 거야."

그는 씩 웃더니 커다란 손으로 시계를 거머쥐었다. 그 손을 보고 있자니 그가 얼마나 거칠고 적의에 차 있는지, 그리고 어떤 식으로 내 삶과 마음의 평화를 쥐고 흔들어 놓으려는지 새삼 느껴지는 듯했다.

"그래, 은으로 만든 거야"라고 나는 초조하게 되뇌었다.

"난 은이든 케케묵은 네 시계든 그런 것들 따위엔 아무런 관심도 없어!"라고 그는 매몰차게 내 제의를 거절했다. "시계 따윈 너나 고쳐 쓰시지."

"하지만, 프란츠." 나는 그가 그대로 돌아가버릴까 봐 두려운 나머지 소리쳐 그를 불러 세웠다. "잠깐만 나 좀 봐! 제발 시계를 가져가. 정말이지 은으로 만든 거라니까. 진짜 그거 말곤 가진 게 없어."

그는 나를 경멸하듯 차갑게 바라봤다.

"글쎄다. 내가 누굴 만날 건지 넌 이미 알고 있어. 아니면 곧장 경찰에 알릴 수도 있지. 거기 경찰 하나가 나랑 친하거든."

그는 마치 떠나려는 듯 돌아섰다. 나는 그의 코트 소매를 붙잡고 늘어졌다. 이대로 보내선 절대 안 될 일이었다. 만일 그가 방금 말한 대로 행하는 날엔 그 모든 수모를 견디느니 차라리 죽는 편이 나을 터였다.

"프란츠." 나는 감정에 북받쳐 사정했다. "제발 엉뚱한 짓일랑 말아줘! 너도 그냥 한번 해보는 소리겠지, 그렇지?"

"그냥 해보는 소리라. 그래, 뭐. 내 입장에선 그럴 수 있지. 하지만 그렇더라도 넌 톡톡히 대가를 치르게 되겠지."

"오, 프란츠. 내가 어떻게 하면 좋을지 말만 해. 시키는 건 다 할게!"

그는 눈을 가늘게 뜨고 나를 바라보더니 다시 웃음을 터뜨렸다.

"바보같이 그러지 마." 그는 짐짓 유쾌한 척하며 그렇게 말했다. "너도 나만큼이나 잘 알 텐데. 2마르크를 손에 쥘 수 있는 기회가 왔고 난 그 기횔 지나칠 만큼 부자가 아니란 걸 말이야. 이 몸은 그 돈을 그냥 날려버릴 만큼 여유가 없다고. 그런데, 봐. 넌 부자잖아. 시계도 있고 말이지. 그러니까 내게 2마르크만 주면 아무 문제 없다 이거야."

나는 그의 말뜻을 충분히 알아차렸다. 하지만 2마르크라니! 그건 내가 융통할 수 있는 액수와 거리가 멀었고 10마르크나 100마르크, 1000마르크와 마찬가지로 손에 넣기 불가능했다. 사실 난 당장 쓸 수 있는 돈이 없었다. 어머니가 내 것으로 보관하는 저금통이 있긴 했지만, 거기엔 삼촌들이나 친척들이 우리 집에 왔을 때 받은 10페니히pfennig(독일의 화폐 단위로 1/100마르크를 뜻함-옮긴이)와 5페니히 동전들이 조금 들어 있을 따름이었다. 정말이지 그것 말고는 한 푼도 갖고 있지 않았다. 나는 아직 용돈을 받을 만한 나이가 아니었기 때문이다.

"솔직히 한 푼도 없어"라고 나는 기운 없이 말했다. "돈이 하나도 없다고. 하지만 돈 말고 다른 건 얼마든지 줄게. 인디언이랑 군인들

1 두 세계에 대하여 **21**

이 나오는 책도 있고 나침반도 있어. 그걸 가져다줄게."

프란츠 크로머는 무슨 말을 하려는 듯 입술을 조금 달싹이더니 기분 나쁜 비웃음을 흘리며 바닥에다 침을 뱉었다.

"말이 좀 되는 소릴 해!" 그가 명령하듯 외쳤다. "그깟 볼품없는 쓰레기는 너나 가져. 나침반이라니! 나를 화나게 하지 말라고. 알아 듣겠어? 어서 돈을 가져와!"

"하지만 가진 돈이 하나도 없어. 아직 집에선 내게 돈을 주지 않아. 그러니까 나도 어쩔 수 없다고!"

"어쨌든 내일 아침까지 2마르크를 가져와. 학교가 끝나고 저기 아래쪽에서 기다릴 테니. 돈을 가져오지 않으면 어떻게 되는지 한번 보라고."

"그래. 하지만 난 한 푼도 없는데 어떻게 2마르크를 구해 오라는 거야?"

"돈이야 너희 집에 많을 텐데. 돈을 어떻게 구하느냐는 네 사정이고. 그럼 내일 방과 후에 보는 거다. 다시 한 번 말하는데, 만일 돈을 갖고 오지 않으면……." 프란츠는 위협적인 눈길로 나를 한 번 훑어보고는 재차 침을 뱉더니 그림자처럼 눈앞에서 사라져버렸다.

도저히 계단을 오를 수 없을 것 같았다. 이제 내 인생은 엉망진창이 되었다. 멀리 도망가서 돌아오지 않거나 물에 빠져 죽어버리면 어떨까 하고 잠시 생각하기도 했다. 주변이 어둑어둑한 가운데 나는 집으로 이어지는 외부 계단의 맨 아래 칸에 쭈그리고 앉아 생각에 잠긴 한편 비참한 기분에 휩싸였다. 이윽고 바구니를 들고 장작을 가지러 내려오던 리나가 거기 그렇게 앉아 울먹이는 나를 발견했다.

나는 이 일에 대해 제발 아무 말도 하지 말아달라고 그녀에게 간청하고는 위층으로 올라갔다. 유리문 오른편으로 아버지의 모자와 어머니의 양산이 걸려 있는 게 보였다. 이 물건들에는 집에서만 풍기는 소박함과 애정 어린 기운이 서려 있어서, 이걸 보자마자 마음이 따뜻해졌다. 마치 이야기 속 탕아가 집으로 돌아와 집 안 곳곳의 익숙한 광경과 냄새를 마주했을 때처럼 말이다. 하지만 이젠 집 안의 그 어떤 것도 내 것일 수 없었다. 무엇이 됐건 간에 전부 내 부모님의 세계에 속해 있었던 것이다. 나는 익숙하지 않은 거센 물살에 휩쓸린 듯 깊은 절망과 죄책감에 허우적댈 따름이었다. 잔뜩 흥분한 나는 그만 옳지 못한 일에 연루되어버렸으며 적의를 품은 상대에게 위협받고 있는 데다 내 앞에 도사린 위험과 두려움, 수치심에 시달렸다. 모자와 양산, 질 좋은 사암 재질의 오래된 마룻바닥, 복도 선반 위로 보이는 대형 그림 액자, 거실에서 새어 나오는 누나들의 음성이 전부 그 어느 때보다 가슴에 와닿고 소중하게 여겨졌지만, 그것들은 더 이상 위안이나 내가 기댈 수 있는 대상이 못 되었고 오히려 비난의 화살이 되어 내게 꽂히는 듯했다. 이제는 이 모든 것들이 내 세상에 속하지 않았기에 나는 그 명랑함과 평온한 분위기에 선뜻 동화될 수 없었다. 내 발은 이미 더럽혀졌고 그건 매트에 문지른다고 닦아낼 수 있는 수준이 아니었다. 나는 우리 집이라는 세계와 아주 동떨어진 그림자를 몰고 온 것이다. 사실 이전에도 내겐 비밀이 많았고 불안감도 컸지만, 그날 내가 집으로 끌고 들어온 그 무언가에 비하면 전혀 심각하다고 할 수 없었다. 운명은 집요하게 내 뒤를 밟았고 나를 덮치려는 악의 손길은 어머니도 막아줄 수 없는 것이었다. 어머니는 그런 일에 관해 철저히 무지했기 때문이다. 사실 내 죄는 절도냐 거짓말이냐의 문제가 아니었다(신과 성스러운 모든 것에다 대고 거짓 맹세를 하지 않았던가?). 그러니까 내 죄는 이것 아니면 저것으로 구분될 게 아니라 악과 손을 잡았다는 데 있었다. 나는 왜 군이 프란츠 크로머와 어울렸을까? 또, 어찌하여 크로머에겐 고분고분하게 굴고 아버지 앞에선 한 번도 그렇지 못했을까? 나는 왜 영웅이라도 된 양 자신을 범죄 행위에 연루시켜 사과를 훔쳤다고 거짓말을 한 걸까? 이제 나는 꼼짝없이 악의 손아귀에 사로잡혀 적에게 조종당하는 꼴이 되고 만 것이다.

니는 단순히 내일이 두려운 게 아니라 이제 막 어둠의 세계로 이어지는 비탈길에 접어들었다는 끔찍한 확신에 사로잡혔다. 더불어 처음으로 저지른 과실에 이어 또 다른 죄악이 잇따를 것이며 내 형제자매와 함께할 때 나라는 존재의 모습과 부모님에 대한 애정의 표현이 전부 거짓이라는 느낌이 들었다. 즉, 나는 내 가족에겐 감춘 나름의 운명과 거짓이 깔린 삶을 살고 있었던 것이다.

거기 그렇게 서서 아버지의 모자를 바라보고 있자니 한순간 마음속에 자신감과 희망의 불씨가 지펴지는 듯했다. 이 길로 곧장 아버지께 오늘 있었던 일을 죄다 고해바치고 그가 내린 심판과 벌을 달게 받는다면 동지이자 구세주를 얻는 격이지 않겠는가. 이전에도 여러 번 행해왔던 속죄의 절차만 거친다면, 그러니까 힘들고 고통스러운 시간이긴 하겠지만 가슴 아픈 후회와 더불어 용서를 구하기만 하면 될 일이었다.

이 모든 생각이 얼마나 달콤한지 몰랐다. 얼마나 매혹적인 이야기인가 말이다! 하지만 결국 죄다 소용없는 일이었다. 내가 그렇게 하지 않을 거란 건 누구보다 나 자신이 잘 알고 있었다. 이제 내겐 비밀이 생겼으며 이건 순전히 나 스스로 해결해야 할 일종의 빚이었다. 지금은 갈림길에 선 격이지만 어쩌면 앞으로는 늘 못된 자들에게 종속되어 그들에게 의지하고 복종하며 나아가 나 역시 그들 중 하나가 될지도 모를 일이었다. 영웅인 척하며 실컷 젠체했으니 이젠 그에 따른 결과를 감당해야 할 때가 온 것이다.

아버지가 내 흙투성이 신발을 보고 꾸짖은 것은 참으로 다행이었다. 그로 인해 내가 저지른 보다 심각한 죄가 드러나지 않았으며 신발에 주의가 집중된 까닭에 내 죄에 대한 비난을 모면할 수 있었던 것이다. 그런데 그 와중에 적대적이고 무자비하며 한껏 날이 선 기이하고도 난생처음 접하는 감정이 내 안에서 차올랐으니, 그건 바로 아버지를 상대로 내가 느낀 우월감이었다! 사실 그 순간 나는 아버지의 무지를 경멸했다. 흙 묻은 신발에 대한 그의 질책 따윈 내게 너무 하찮은 문제처럼 보였던 것이다. '정작 사실을 알게 되신다면 말이죠……'라고 생각한 나는 마치 살인을 고백했음에도 빵 한 덩이를 훔친 혐의로 재판받고 있는 범인과 같은 심정이었다. 그것은 혐오스럽고도 적대적인 감정이었지만, 동시에 아주 강력하고 매혹적이기도 해서 내가 지닌 그 어떤 양상의 비밀과 죄책감보다도 더 확고히 나를 장악하는 듯했다. 문득 내가 집에서 한낱 어린아이로 취급받고 있는 이 순간 어쩌면 크로머는 이미 경찰서로 가서 나를 고발해버렸을지도 모를 일이라는 생각이 들었다. 한차례 폭풍우를 예고하는 거대한 먹구름이 내 머리 위로 몰려들고 있었던 것이다!

여기까지 내가 이야기한 경험담 중에서도 이 부분은 무엇보다 중요하며 오래도록 마음에 남는 요소다. 그도 그럴 것이 그 순간은 아버지라는 범접하기 어려운 대상에도 갈라진 틈이 있음을 최초로 발견한 시간이었기 때문이다. 그건 마치 내 어린 시절을 떠받쳐준 기둥에 처음으로 생긴 벌어진 틈과 같았지만, 누구든 진정한 자신으로 살아가려면 그 기둥을 무너뜨리고 봐야 하는 법이었다. 사실 타인들은 알지 못하는 이러한 경험들이 한데 모여 본질적이고 내밀한 운명의 선을 이루는 것이다. 이러한 선에 상처가 좀 난다고 해도 금세 다시 살이 차올라 회복이 되고 또 그렇게 잊히곤 하지만, 마음 저 안쪽 구석진 곳에선 여전히 그러한 상처가 남아 있어 줄곧 피가 배어 나올지도 모를 일이다.

나는 급작스레 찾아든 이 낯선 감정에 겁을 집어먹은 나머지 아버지의 발치에 엎드려 용서라도 구할 수 있을 것 같았다. 하지만 늘 그렇듯 지극히 근본적인 것에 대해 용서를 구하기란 불가능하며 그러한 사실은 아무리 어린아이라 하더라도 그 어떤 현자만큼이나 뼈저리게 알고 있는 법이다.

불현듯 내 문제를 되돌아보고 내일의 행보를 계획해야 할 것만 같았지만, 나는 전혀 그렇게 하지 못했다. 그날 저녁 내내 나는 새삼 달라진 거실의 분위기에 익숙해지려고 전력을 다해 애썼기 때문이다. 벽시계와 거실 탁자, 성경책과 거울, 책장과 벽에 걸린 그림 액자들도 죄다 나를 두고 멀리 떠나는 것만 같았다. 나는 냉랭히 그것들을 바라보며 여태까지 내가 속했던 세계와 풍요롭고 행복에 겨웠던 삶이 과거의 유물이 되어버린 채 내게서 떨어져나가는 걸 직시했다. 어둡고 낯선 땅에 자리한 강인하고 곧은 뿌리가 나를 단단히 그러잡고 놓아주지 않고 있음이 틀림없었다. 나는 난생처음 죽음의 맛을 음미하는 중이었고 역시나 죽음은 씁쓸했다. 모름지기 죽음이란 혹독한 부활을 앞세운 진통이자 두려움이니 말이다.

드디어 침대에 눕게 되었을 땐 더없는 안도감이 밀려들었다.

잠자리에 들기 직전, 나는 마지막 고통의 관문을 거쳐야 했다. 바로 가족들이 한데 모이는 저녁기도 시간이 그것이었는데, 그날따라 식구들은 내가 가장 즐겨 부르는 찬송가를 택했다. 나는 선뜻 찬송에 참여할 수 없었다. 음 하나하나가 더없이 쓰라리고 비통하게 다가왔기 때문이다. 그뿐만 아니라 아버지가 우리를 축복하며 "아버지여, 굽어살피소서……." 하고 기도를 끝맺을 때도 나는 함께 기도하지 못했다. 왠지 모르게 가족이라는 범주 안에 들지 못한 기분이 들었기 때문이다. 이제 하느님의 은총은 나를 제외한 가족들에게만 내리쬐고 있었다. 춥고 지친 나는 위층으로 발을 옮겼다.

자리에 누운 나는 한동안 그 따스함과 포근함을 즐겼지만, 이내 낮에 있었던 일이 떠올라 두려운 나머지 심장이 마구 날뛰고 공포에 사로잡혔다. 어머니는 평소와 마찬가지로 내게 잘 자라는 인사를 건넸다. 방에는 여전히 그녀의 발걸음 소리가 울려 퍼지는 듯했고 문틈으로 촛불의 환한 불빛도 새어 들었다. 이제 조금 있으면 뭔가 알아차린 어머니가 내 방으로 돌아와서는 이마에 입 맞추며 그모든 일에 대해 자애롭게 물어보시겠지. 그러면 난 펑펑 울 테고 그러는 동안 내내 목구멍에 걸려 있던 그 무언가도 녹아내릴 터였다. 어머니를 껴안고 그간 있었던 일을 전부 털어놓고 나면 모든 것이 다시금 괜찮아지고 나는 구원받게 될 테지. 문틈으로 보이던 불빛이 사라지고 마침내 어두워졌을 때까지도 나는 한동안 가만히 귀기울이며 꼭 그렇게 될 거라고 여겼다.

그 와중에도 난 낮에 있었던 일을 곱씹으며 내 적을 마주한 것만 같은 기분에 사로잡혔다. 그의 얼굴이 똑똑히 보였다. 그는 한쪽 눈을 찡그리듯 가늘게 뜨고 음흉한 분위기를 풍기며 입술을 일그러뜨렸다. 그렇게 프란츠를 직시하는 와중에도 나는 피해갈 수 없는 진실 앞에서 어찌할 바를 몰랐으며 어느덧 더욱 거대하고 추해진 그의 눈이 사악하게 번뜩이는 듯했다. 잠이 들 때까지만 해도 그렇게 그가 내 옆에 서 있는 것만 같았는데, 나는 정작 프란츠나 그날의 일에 관해서는 꿈을 꾸지 않았다. 대신 꿈속에선 부모님, 누나들과 함께 보트를 타고 떠다녔는데 한가로운 오후의 평화로움과 눈부시게 밝은 빛이 우리를 감쌌다. 한밤중에 문득 잠에서 깼을 땐 여전히 따스한 축복의 기운이 남아 있는 듯했고 누나들의 하얀색 여름옷도 햇빛 아래서 빛나는 것 같았지만, 나는 이내 천국에서 떨어져 현실로 돌아와버렸다. 그러고는 다시 한 번 '사악한 눈'을 가진 적과 마주할 수밖에 없었다.

다음 날 아침 어머니가 분주하게 올라와 벌써 늦었으니 어서 일어나라고 재촉했을 때 나는 어딘가 아파 보였고, 몸이 좋지 않은 거냐고 어머니께서 다그치자 난 그만 왈칵 구토를 하고 말았다.

그 사건은 일종의 수확이었다. 몸이 살짝 아플 땐 꾀를 부리며 침대에 드러누워 카밀러 차를 홀짝일 수 있어 참 좋았다. 또 어머니께서 옆방을 정돈하고 리나가 바깥쪽 복도에서 정육점 주인을 상대하는 소릴 듣는 것도 재미있었다. 등교하지 않고 집에서 보내는 아침 시간이란 왠지 마법처럼 비현실적으로 여겨졌다. 방 안은 온통 쏟아져 들어오는 햇빛으로 넘실거렸고, 그건 짙은 녹색 커튼으로 빛을 가린 교실과는 사뭇 다른 분위기였던 것이다. 하지만 오늘만큼은 쉬는 날의 그 모든 분위기를 온전히 즐길 수 없었다. 마치 거짓 나이테처럼 그 공기와 딱 들어맞지 않는 무언가가 섞인 까닭이었다.

그저 이렇게 죽어버릴 수만 있다면……. 하지만 여태 자주 그랬듯 나는 그저 가볍게 앓고 있을 따름이어서 특별한 일은 벌어지지 않았다. 학교에 가지 않아도 되었지만, 오전 열한 시 경에 시장에서 도사리고 있을 크로머를 피할 순 없었다. 어머니의 상냥함 따윈 전혀 위로가 되지 않았고 오히려 그로 인해 마음이 무겁고 괴로웠다. 나는 줄곧 자는 척하면서 다시 한 번 찬찬히 생각해보았다. 역시 어떻게 해볼 도리는 없었다. 어찌 되었건 열한 시까지 시장에 가봐야 했던 것이다. 결국 나는 열 시 경에 잠자코 일어나 이제 몸이 조금 나은 것 같다고 어머니께 이야기했다. 이런 경우엔 늘 그랬듯 다시 침대로 가 눕거나 아니면 학교에 가서 오후 수업을 듣거나 둘 중 하나를 선택해야 했다. 나는 학교에 가보겠다고 말했다. 내겐 계획이 있었다.

빈손으로 크로머를 마주할 순 없었다. 내 몫의 작은 저금통이라도 가지고 있어야 했다. 물론 저금통에 돈이 얼마 없다는 건 알고 있었지만, 그래도 아예 아무것도 없는 것보다야 나을 터였다. 무슨 수를 써서라도 크로머는 달래줘야 했으니까 말이다.

양말을 신고 어머니 방으로 숨어들어 책상에 있던 저금통을 거머쥐었을 땐 죄를 짓는 것 같았지만, 전날만큼 마음이 불편하진 않았다. 그래도 심장이 너무 빨리 뛰는 바람에 숨이 막혀 죽을 것만 같았고 계단을 내려와 저금통이 잠긴 걸 알아차린 순간까지 그런 기분은 나아질 줄 몰랐다. 어쨌거나 잠긴 저금통을 열어젖히는 건 어렵지 않았다. 얇은 양철 격자판만 깨어 부수면 그만이었다. 저금통을 망가뜨린 건 끔찍한 짓이었다. 그것이야말로 진짜 도둑질이었으니까 말이다. 이전까지는 내가 저지른 도둑질이라고 해봤자 설탕이나 과일을 조금씩 빼내 먹은 게 다였다. 하지만 이번엔 비록 내 돈이긴 했지만 난 그걸 훔쳐낸 것이다. 다소 반항적인 기분에 사로잡힌 나는 크로머와 그의 세계로 한 발짝 더 다가가고 있음을 깨달았다. 조금씩 야금야금 타락의 길로 들어서는 건 너무나도 쉬운 일이었다. 이제 곧 악마가 나를 인도할 테고 그렇게 되면 모든 걸 돌이킬 수 없게 된다. 난 초조하게 돈을 세어봤다. 저금통을 흔들었을 땐 꽉 찬 느낌이었는데 정작 손에 쥔 돈은 몇 푼 안 되었다. 65페니히라니……. 나는 저금통을 일 층에 숨긴 후 돈을 움켜쥔 채 출입문을 통하지 않고 밖으로 나갔다. 왠지 누군가 위층에서 나를 향해 뭐라고 소리치는 듯했지만, 나는 잠자코 걸음을 재촉했다.

아직 시간은 충분했다. 나는 마치 나를 쏘아보는 것만 같은 집들과 의심스러운 눈초리로 나를 흘겨보는 듯한 사람들을 지나쳤다. 그리고 이전에는 보지 못했던 모양을 한 구름 아래로 펼쳐진 완전히 달라 보이는 시내의 골목길들을 빙 둘러 조용히 걸어갔다. 그렇게 길을 걷다가 문득 학교 친구 중 하나가 가축 시장에서 1플로린 florin(옛 영국 동전으로 10펜스에 해당함-옮긴이)을 주웠었다는 이야기가 떠올랐다. 나는 신께서 기적을 행하시어 내게도 그와 같은 일이 벌어질 수 있도록 기도라도 올리고 싶은 심정이었다. 하지만 난 기도를 올릴 권한마저 박탈당했을뿐더러 어떻게 하더라도 망가진 저금통을 고칠 순 없는 노릇이었다.

프란츠 크로머는 멀리서 다가오는 나를 본 것 같았지만, 마치 나를 알아보지 못한 것처럼 어슬렁대며 느릿느릿 내 쪽으로 걸어왔다. 마침내 내게 가까이 다가서게 되자 그는 따라오라는 듯 거만하게 손짓한 다음 뒤도 한 번 돌아보지 않고 잰걸음으로 슈트로가

세Strohgasse 아래쪽으로 가서 길을 건넜다. 그러더니 길 맨 끝에 자리한 집들 가운데 새로 짓고 있는 듯한 건물 앞에 멈춰서는 게 아닌가. 그 건물은 아직 완공되지 않아서 벽이 훤히 드러나고 문이나 창문도 찾아볼 수 없었다. 크로머는 사방을 살피더니 문이 달릴 자리인 듯한 공간을 통해 건물 안으로 들어섰고 나는 그 뒤를 따랐다. 그는 벽 뒤쪽에 서서 내게 손짓하며 앞으로 손을 뻗어 보였다.

"그래, 갖고 왔어?" 그가 냉랭한 음성으로 물었다.

나는 꽉 쥐고 있던 손을 주머니에서 빼내 가진 돈을 전부 크로머의 손바닥에 올려놓았고, 마지막 5페니히 동전이 짤랑 하고 떨어지기도 전에 그는 셈을 마쳤다.

"65페니히 밖에 없잖아"라고 그는 쏘아붙였다.

"그래, 맞아"라고 잔뜩 긴장한 내가 입을 뗐다. "내가 가진 건 그게 다야. 네가 말한 금액에 못 미친다는 거 알아. 하지만 그거밖에 없는걸."

"네가 이 정도로 멍청할 줄은 몰랐지만……." 그는 다소 나무라는 듯한 어조로 이야기했다. "신사들이라면 바르고 공정하게 일을 처리해야 하지 않겠냐고. 난 제대로 되지 않은 건 받지 않겠어. 자, 그러니 이 동전들은 가져가. 금액을 흥정하려 들지 않는 사람도 있으니까. 누군진 너도 알겠지만 말이야. 그자라면 제값을 쳐주겠지."

"하지만 정말이지 더는 구할 수 없었어. 저금통을 다 털어 왔다고."

"그건 네 사정이지 내 알 바 아냐. 그래도 네 마음을 아프게 하고 싶진 않구나. 이제 넌 1마르크 35페니히를 빚진 셈이야. 그건 언제까지 갚을래?"

"아, 크로머. 반드시 갚을게. 당장은 잘 모르겠지만, 내일이나 모레쯤 돈을 좀 받게 될지도 모르겠어. 짐작하겠지만, 이런 일을 아버지께 말씀드릴 순 없잖아."

"나랑은 관계없는 일이야. 어쨌건 난 널 해칠 생각이 없어. 알다시피 난 마음만 먹으면 오늘 낮이라도 돈을 손에 쥘 수 있어. 난 가난한 놈이라고. 넌 좋은 옷에다 나보다 훨씬 나은 음식을 먹지. 그래도 이 일을 발설하진 않을게. 조금은 기다려줄 수 있다고. 그럼 모레 낮에 휘파람으로 신호를 보낼 테니 그땐 꼭 빚진 돈을 갚아. 내 휘파람 소린 알고 있겠지?"

물론 그의 휘파람 소리는 종종 들어봤지만, 어쨌든 크로머는 시범적으로 휘파람을 불어 보였다.

"그럼, 알고 있고말고"라고 나는 얼른 대답했다.

그러자 그는 마치 나와는 아무런 용무도 없었다는 듯 홀연히 멀어져 갔다. 우리는 일종의 거래를 했을 뿐, 그 이상의 다른 건 없었다.

사실 요즘도 갑작스레 그 휘파람 소리를 듣게 된다면 나는 그만 겁에 질리고 말 것이다. 그러니까 그때 이후로 그 소리는 계속해서 반복적으로 들려오는 것만 같았다. 어디에서 어떤 놀이나 일을 하든, 얼마나 깊은 생각에 잠겨 있든 상관없이 크로머의 휘파람 소리는 수시로 나를 스치고 지나갔다. 그 휘파람은 어느새 나를 그의 노예로 탈바꿈시켰을 뿐 아니라 내 운명이 되어버렸다. 나는 종종 따스하고 아름다웠던 가을날 오후면 내가 너무도 좋아했던 우리 집 꽃밭을 찾았고, 그럴 때마다 어린 시절에 즐겼던 놀이에 다시금 빠져보고 싶은 이상한 충동에 휩싸였다. 그래서 착하고 솔직한 데다 순수하며 안전하게 보호받는 나보다 어린 어떤 아이인 양 굴다가도 어느 순간 너무도 갑작스레 (물론 그럴 거라고 늘 예상하고 있긴 했지만)

끔찍한 크로머의 휘파람 소리가 어디선가 들려오면 놀이는 중단되고 달콤한 꿈은 산산이 흩어지는 것이었다. 그러면 나는 나를 괴롭히는 녀석을 따라 내키지 않는 장소로 가서는 재차 해명을 늘어놓고 남은 돈을 갚으라고 강요당해야 했다. 크로머와의 사건은 기껏해야 몇 주 동안이지만, 적어도 내겐 몇 년, 아니 영원처럼 느껴졌다. 아주 드물게 5페니히나 10페니히 동전이 생길 때도 있었는데, 그건 리나가 장바구니를 식탁에 놔두고 자리를 비웠을 때 훔친 것들이었다. 그래도 크로머는 나를 질책하고 한껏 경멸했다. 그랬다. 내가 그를 속였고 그가 마땅히 취해야 할 몫을 가로챘던 것이다. 나야말로 그를 상대로 도둑질을 벌였고 그를 비참하게 만든 장본이었다. 따지고 보면 평생 그토록 괴로웠던 적도 없었거니와 그만큼 절박했던 적도, 또 그때처럼 누군가의 손아귀에서 벗어나지 못했던 적도 없었다. 아무도 저금통에 관해 내게 뭐라고 하진 않았다. 일찌감치 저금통을 게임용 동전으로 채워 원래 있던 자리에 가져다뒀기 때문이었다. 하지만 망신이야 언제든 당할 수 있는 노릇이어서 어머니가 내 쪽으로 조용히 다가올 때마다 나는 크로머의 신경질적인 휘파람 소리를 들을 때보다 더 겁에 질리곤 했다. '혹시나 저금통이 어찌 된 거냐고 몰아세우려는 걸까?' 하고 말이다.

내가 수시로 빈털터리인 상태로 나타난 탓에 내 박해자는 나를 괴롭힐 만한 다른 방도를 모색하기 시작했다. 그러니까 크로머는 내게 일을 할당하기로 한 것이다. 가령 그는 자신의 아버지가 시키는 온갖 심부름을 나더러 하라고 하거나 다소 까다로운 일들을 실행하도록 강요했다. 한 발로 깡충거리며 10분을 버티라거나 지나가는 행인의 외투에 종이를 붙이고 오라는 식으로 말이다. 크로머에게 당한 이러한 고문은 여러 날에 걸쳐 꿈에 나타났고 그때마다 나는 악몽에 시달리며 식은땀을 흘리곤 했다.

몸이 좋지 않다고 느끼는 날이 늘어갔다. 발작적인 기침은 사라지지 않았고 걸핏하면 오한에 시달렸지만 밤이면 또다시 온몸이 땀으로 푹 젖곤 했다. 어머니는 내가 차마 말 못 한 이유가 있을 거라 미심쩍어하면서도 동정 어린 배려를 베풀어주셨지만, 그럴 때면 선뜻 어머니의 짐작이 옳다고 말할 수 없어 더욱 비참할 따름이었다.

어느 날 밤 침대에 누워 있으려니 어머니가 초콜릿 한 조각을 들고 올라왔다. 그 순간 문득 예전 일들이 떠올랐다. 당시엔 착하게 굴면 밤중에 종종 그런 유의 간식이 주어지곤 했던 것이다. 지금도 어머니는 거기 그렇게 서서 내게 초콜릿을 내밀었다. 마음이 불편해진 나는 말없이 고개만 가로저었다. 그러자 어머닌 무슨 일이냐고 묻고는 내 머리를 쓰다듬었다. 난 그저 "아니. 싫다고. 먹기 싫단 말이야!"라고 쏘아붙일 따름이었다. 어머니는 하는 수 없이 초콜릿을 침대 옆 탁자에 두고 방에서 나갔다. 다음 날 아침 간밤엔 왜 그랬는지 어머니께서 캐물으려 하자 난 무슨 말인지 모르겠다는 시늉을 했다. 한번은 어머니가 집으로 의사를 부른 적이 있었다. 진찰을 마친 의사는 아침에 찬물 목욕을 해보라는 처방을 내렸다.

당시 나는 망상에 시달리곤 했다. 질서정연하게 돌아가는 집에서 생활했지만, 이승을 떠도는 유령처럼 늘 초조하고 괴로웠다. 나는 가족들의 삶에 쉽사리 녹아들지 못했고, 단 한 시간도 내가 안고 있는 문제들에서 벗어나 편안하게 지낸 적이 없었다. 또 신경질적으로 자주 나를 닦달했던 아버지 앞에서는 차갑게 굴었으며 좀처럼 입을 열 줄 몰랐다.

2

카인

박해자로부터 나를 구원해준 손길은 전혀 예기치 못한 데서 출현했으며 당시 난 내 인생에 그 어떤 새로운 요소가 가미되었음을 알아차렸다. 그리고 그 일은 오늘날까지도 내게 영향을 미치고 있다.

얼마 전 처음 보는 소년이 우리 학교에 전학을 왔다. 그는 우리 마을로 이사 온 어느 유복한 미망인의 자제로 팔에 상장喪章을 두르고 다녔다. 나보다 상급반에 배치된 데다 나이도 몇 살 더 많았지만, 그는 나를 비롯해 모두에게 강한 인상을 주었다. 눈길을 끄는 이 소년은 사실 보기보다 나이가 더 많은 듯했고 전혀 어린아이처럼 보이지 않았다. 또 그는 자신보다 훨씬 더 어려 보이는 우리들 사이에서 이상하리만치 성숙하게 행동했다. 마치 성인 남자나 신사라고 해도 될 만큼 말이다. 그렇다고 해서 그가 인기 있는 편은 아니었다. 놀이에는 전혀 참여하지 않았고 다툼에 끼는 일도 드물었던 것이다. 단, 교사들 앞에서 그가 취한 당당한 음성과 태도는 아이들의 호감을 사기에 충분했다.

사람들은 그를 막스 데미안이라고 불렀다.

가끔 있는 일이긴 하지만, 어느 날 무슨 까닭에서인지 어떤 한 반이 교실이 좀 더 큰 우리 반으로 옮겨 온 적이 있었다. 그리고 그 반이 바로 데미안이 속해 있던 반이었다. 당시 우리처럼 저학년은 성경을 공부했고 고학년은 글쓰기 수업을 받았다. 카인과 아벨의 이야기를 들으면서 나는 줄곧 데미안 쪽을 흘낏댔다. 그의 얼굴이 이상하리만치 나를 매료시켰기 때문이다. 그는 명석하고 영리하며 유난히 단호해 보이는 얼굴을 아래로 숙인 채 주어진 과제물에 열중하고 있었다. 그 모습은 '학습'에 참여하는 어린 학생이 아니라 스스로 지목한 문제를 해결하려 애쓰는 연구원을 연상시켰다. 사실 나는 그다지 그에게 끌리지 않았고, 오히려 반감을 느끼는 편이었다. 그도 그럴 것이 그는 너무나도 침착하고 냉정했으며 교만하다 싶을 정도로 자신만만했던 것이다. 또 그의 눈은 어른의 표정을 담고 있어서 결코 아이들에게 어울릴 법하지 않았고 옅은 슬픔과 조소의 기운이 서려 있었다. 그렇지만 그가 마음에 드느냐는 문제와 상관없이 나는 어쩔 수 없이 그를 빤히 쳐다보게 되었다. 어쩌다 한 번씩 그가 내 쪽을 쳐다보기라도 할라치면 나는 그만 크게 당황하여 곧바로 고개를 돌리곤 했다. 요즘에 와서 그 순간을 떠올리며 그가 어떤 인상을 주는 학생이었는지 생각해본다면 분명 그는 모든 면에서 다른 아이들과 확연히 달랐다고 확언할 수 있다. 그는 누구에게도 기대지 않는 독립적 존재로 개성이 뚜렷했다. 그래서인지 그는 특별히 눈에 띄지 않기 위해 온갖 노력을 기울였지만, 그건 마치 신분을 숨기고 그럴듯하게 변장한 왕자가 무지한 소작농들 사이에 섞여 지내는 것과 같은 모양새였다.

방과 후 집으로 가는 길에 데미안이 내 뒤쪽에서 걸어왔다. 다른 아이들이 흩어져 사라지자 그는 금세 나를 따라잡고서 인사를 건넸다. 비록 우리같이 평범한 남학생들의 말투를 따라 하려 애쓰긴 했으나 그가 인사를 건네는 방식은 어른처럼 정중하기만 했다.

"잠깐 같이 걸을까?"라고 그가 친근하게 물어왔다. 기분이 좋아진 나는 동의하는 표시로 고개를 끄덕여 보이고는 내가 어디에 사는지 그에게 설명해주었다.

"아, 그 집이야?"라고 하며 그는 미소를 지었다. "나 거기 알아. 너희 집 대문 위에 신기한 모양을 한 뭔가가 달려 있는 걸 봤어. 늘 그 장식에 눈길이 갔거든."

나는 그의 의중을 전혀 짐작할 수 없었지만 사실상 그가 나보다 우리 집에 대해 더 잘 아는 것만 같아 그저 놀랄 따름이었다. 아치형 대문의 이맛돌에는 분명 문장紋章 장식이 있었지만, 세월이 흐르면서 점점 닳아 희미해져 이따금 덧칠을 해야 했다. 어쨌거나 내가 아는 한 그 장식은 우리 식구나 집안 내력과는 아무런 상관도 없었다.

"그 장식은 나도 잘 모르겠어"라고 나는 수줍게 입을 열었다. "새 같은 거긴 한데 말이야. 꽤 오래된 거 같아. 예전엔 그 집이 수도원에 속해 있었다나 봐."

"그래, 충분히 그럴 법도 해"라고 하며 그는 고개를 끄덕였다. "잘 보라고. 내 생각엔 매 같아."

그렇게 우린 계속 걸었고, 왠지 모르게 마음이 꽤 불편해져왔다. 그러다 불현듯 데미안이 크게 웃기 시작했다. 뭔가 우스운 일이라도 떠올랐다는 듯이 말이다.

"그래, 맞아. 너희 반 수업 시간에 나도 거기 있었지"라고 그가 외치듯 내뱉었다. "이마에 표시가 있는 카인 이야기였지. 내용이 마음에 들었니?"

아니, 그렇지 않아. 사실 수업 시간에 배운 내용이 마음에 든 적은 거의 없었으니까. 하지만 난 그렇게 사실대로 대답하지 못했다. 꼭 어른이 묻는 것만 같았기 때문이다. 결국 난 카인의 이야기가 꽤나 마음에 들었다고 말했다.

그러자 데미안이 내 등을 찰싹 때렸다.

"내 앞에서까지 연극할 필욘 없어. 그런데 말이야, 사실 그런 유의 이야기는 아주 놀라운 면이 있어. 수업 시간에 배우는 대부분의 이야기보다 훨씬 더 그렇단 말이지. 물론 선생님께선 그런 점에 관해선 별말씀이 없으셨겠지. 아마 하느님과 죄 같은 주제에 관해 일반적 사항만 언급하셨을 거야. 하지만 내 생각엔 말이지⋯⋯." 그는 잠시 말을 멈추더니 웃으면서 이렇게 물었다. "그런데, 너 이런 이야기가 재미있긴 한 거야?"

"그래, 그런 것 같아." 그러자 데미안은 말을 이어갔다. "카인의 이야기는 다른 식으로 해석할 수 있다고 봐. 우리가 학교에서 배우는 내용 대부분이 실제로 맞는 말이긴 하지만, 그래도 가끔은 선생님들의 견해와 좀 다른 각도에서 살펴보는 것도 괜찮아. 그러는 편이 훨씬 이해하기 쉬울 수도 있으니까. 가령 카인과 그의 이마 위 표시에 관한 이야기도 선생님들의 설명만으론 만족스럽지 않거든. 그렇지? 누군가 다투다가 형제를 죽일 순 있지. 그러고는 고통스러운 나머지 잘못을 시인할 수도 있어. 하지만 겁을 냈다는 이유로 특별한 '표시'를 부여받아 그로 인해 보호받고 또 다른 모든 이들이 그 표시를 두려워한다는 건 사실 좀 이상하다고 봐."

"그래, 그렇지." 나는 문득 이 대화의 주제에 흥미가 생겼다. "그럼 이 이야기는 어떤 식으로 달리 해석해볼 수 있을까?"

그는 다시 한 번 내 어깨를 치며 말했다.

"알고 보면 간단해. 그 이야기 속에서 벌어진 일과 이야기가 암시하는 바의 중심에는 바로 그 '표시'가 있단 말이지. 자, 여기 한 남자가 있어. 그의 얼굴에 있는 표시 때문에 사람들은 그를 무서워했고 감히 건드릴 엄두도 못 냈지. 그와 그 자손들까지 강렬한 인상을 풍겼단 말이야. 확실한 건 카인이 우편 소인 같은 표시를 이마에 지니진 않았다는 거야. 실제 우리네 삶도 그렇게 대충 막 돌아가진 않는다고. 오히려 좀처럼 감지하기 힘든 그런 표시였을 테고 사람들에게 익숙한 수준보다는 좀 더 뛰어난 총명함과 침착함이 그의 눈에 깃들어 있었을 법해. 이 자에겐 힘이 있었고 자연히 사람들은 그를 경외했어. 그에겐 바로 그 '표시'가 있었던 거지. 어쨌건 이 이야기도 저마다 자기식대로 설명할 수 있어. 사람들은 늘 자신에게 편안하고 타당한 걸 원하게 마련이니까. 당시 사람들은 카인의 자손들까지 두려워했지. 전부 그 표시를 지녔었거든. 그러니까 그 표시는 실제 있는 그대로가 아닌 오히려 그 반대로 해석되었던 거야. 그들은 이 표시가 있는 사람들이 기이하다고 했어. 뭐, 사실이 그렇기도 했지만 말이야. 사람들은 용기 있고 개성이 뚜렷한 이들을 뭔가 불길하다고 여겨 경계하기 마련이지. 자연히 이 기이하고 겁 없는 일족이 활개 치고 돌아다닌다는 건 불길한 일이어서 사람들은 이 집안 사람들에게 별칭과 신화적 이야기를 부여함으로써 복수를 정당화하는 동시에 여태 경험한 그 모든 두려움에 대한 죄책감을 씻어내려 한 거라고. 이해가 가니?"

"응, 그럼 그 말은 카인이 그렇게 악하진 않았단 말이야? 성경의 그 모든 이야기도 아주 진실한 것만은 아니고?"

"음, 그렇기도 하고 아니기도 하지. 이처럼 오래된 이야기들은 어떤 면에선 늘 진실하긴 하지만, 그렇다고 해서 항상 제대로 기록되었다거나 올바르게 해석되었다고 볼 순 없어. 말하자면 내 생각에 카인은 괜찮은 사람이었지만 사람들이 그를 두려워한 나머지 이런 이야기를 만들어 그에게 갖다 붙였다는 거야. 이야기는 풍문에 기반을 뒀지. 여러 사람의 입에 오르내리면서 말이야. 그래도 카인과 그 자손들에게 어떤 표시가 있었다는 것과 그들이 다른 이들과 달리 비범했다는 건 진실이라고 볼 수 있어."

그의 말을 듣던 나는 놀라움을 감출 수 없었다.

"그럼 넌 카인이 살인을 저지른 것도 진실이 아니라고 믿는 거야?" 그의 말에 한껏 매료된 나는 이렇게 물었다.

"아니, 그건 전적으로 진실이야. 강자가 약자를 처치한 거지. 하지만 카인이 죽인 대상이 정말 그의 형제였는지 여부에 관해서는 논란의 여지가 있을 거야. 어쨌건 그 부분은 그다지 중요하지 않아. 따지고 보면 궁극적으로 모든 인간은 형제라고 할 수 있으니까 말이야. 결국 강자가 약자를 죽인 건 어쩌면 영웅적 행위일 수도, 어쩌면 그게 아닐 수도 있어. 아무튼 약해 빠진 다른 이들은 두려움에 잠식된 나머지 격렬히 불평을 터뜨렸지. 그러고는 '그럼 왜 그자를 죽이지 않고 놔둔 거냐?'라는 질문을 받았을 때 '왜냐하면 우린 죄다 겁쟁이들이거든'이라고 대답하지 않았지. 대신 '그럴 수 없어. 그에겐 표시가 있거든. 하느님께서 그에게 표시를 내리셨잖아'라고 한 거지. 거짓은 아마도 그런 식으로 탄생한 게 아닐까 싶어. 그런데 내가 널 계속 붙들고 있는 것 같구나. 그럼 잘 가!"

그는 알트가세Altgasse 쪽으로 향했고 나는 그 어느 때보다 당황한 채 그 자리에 얼어붙었다. 데미안이 눈앞에서 사라지자 그가 말한 것들이 죄다 황당무계한 것만 같았다. 카인은 고결하고 아벨은 겁쟁이라니! 게다가 카인에게 내린 표시가 특별함을 나타낸다고! 그건 부조리한 데다 불경스럽고 사악한 논리였다. 그럼 대체 신은 어디 있었단 말인가? 신께선 아벨의 제물을 받으셨고 그를 사랑한 게 아니었던가? 아니지, 전부 말도 안 되는 소리야. 데미안은 그저 나를 한번 놀려본 거고 나를 꼬드겨 곤란하게 만들려 했어. 물론 그는 지독히도 영리하고 언변도 훌륭한 게 사실이지만, 그런 속임수엔 넘어가지 않을 참이었다.

어쨌거나 성경에 나오는 이야기나 그런 문제를 다룬 여타의 다른 이야기에 대해 그토록 깊이 생각해본 적은 단 한 번도 없었다. 문득 그날 저녁 내내 긴 시간 동안 프란츠 크로머를 새까맣게 잊고 있었다는 사실이 떠올랐다. 집으로 돌아온 나는 성경에 기록된 카인의 이야기를 다시 한번 읽었다. 이야기는 짧고도 명료했으며, 그런 이야기에서 남달리 숨겨진 의미를 찾으려 한다는 건 말도 안 된다는 생각이 들었다. 사실 그런 식이라면 그 어떤 살인자라도 하느님의 총애를 받는 자로 탈바꿈할 수 있단 이야기가 아닌가! 아니, 그런 식의 논리는 전혀 말이 되지 않았다. 단지 인상 깊었던 건 그 모든 이야기가 자명하다는 듯 너무도 수월하고 재미있게 설명한 데미안의 화법이었다. 게다가 그의 눈이 담고 있던 그 표정이라니!

내겐 뭔가 아주 심각한 문제가 있는 게 틀림없었다. 이전까지 나는 건전하고도 순수한 세계에 살았다. 난 아벨과 같았지만 이젠 '다른' 세계에 너무도 깊숙이 갇혀버렸던 것이다. 또 그렇게 추락하고 타락해버린 신세였지만 속으로는 어쩔 도리가 없었다는 생각도 들었다. 자, 이렇게 되고 보니 어떤가? 불현듯 어떤 기억 하나가 번뜩 스치고 지나가는 바람에 잠시 숨을 쉴 수 없을 지경이었다. 지금의 내 문제가 시작되었던 그 치명적인 저녁, 아버지 앞에서 난 문득 빛과 지혜로 가득한 그의 세계를 꿰뚫어보지 않았던가! 정말이지 그때 난 그 표시를 지닌 카인으로서 표시가 전혀 수치스럽지 않았고 그것이 우월함을 나타낸다고 여겼으며 내가 저지른 부정과 불운으로 인해 아버지보다, 그리고 신앙심 깊고 정의로운 자들보다 우위에 선 것만 같았다.

사실 당시엔 그런 문제에 대해서 이처럼 명확히 생각을 발전시키지 않았지만, 이 모든 사고의 요소가 이미 내 생각에 포함되어 있긴 했다. 그렇게 낯선 감정이 휘몰아쳐 내게 아픔을 주는 동시에 자부심을 선사했던 것이다.

데미안이 두려움을 모르는 자와 겁쟁이에 대해 얼마나 이상한 논리를 펼쳤는지, 그가 카인의 이마에 남겨진 표시를 얼마나 기묘하게 해석했는지, 어른의 분위기를 담은 그의 비범한 눈이 어떻게 빛났었는지 생각하다 보니 뜻밖에도 데미안 자신이 일종의 카인이었던 건 아닐까 하는 의문이 뇌리를 스치고 지나갔다. 카인과 동일한 심정이 아니라면 왜 굳이 그를 옹호하겠는가? 어째서 그의 눈은 그토록 강인한 힘을 담고 있는 것인가? 그는 왜 '다른 이들', 그러니까 하느님이 택하신 신앙심 깊고 겁 많은 영혼들에 대해 그토록 조롱하듯 이야기했을까?

이런 생각의 조각들이 끊임없이 머릿속을 맴돌았다. 그리고 그건 마치 돌덩이 하나가 우물 속으로 떨어진 격이었는데, 그 우물이란 다름 아닌 내 젊은 영혼이었다. 이후 꽤 오랫동안 살인과 '표시'에 관한 카인의 문제는 세상을 인식하려는 내 시도와 의심, 비판을 발산하는 수단이 되었다.

나뿐 아니라 다른 남학생들도 데미안에게 매료된 듯했다. 카인에 대해 그와 대화한 일을 누구에게도 발설한 적이 없었지만, 나머지 학생들 역시 그에게 꽤나 관심이 있는 것 같았다. 어찌 되었건 '새로' 전학 온 이 소년에 대한 소문은 끊일 줄 모르고 나돌았다. 만일 내가 그 소문들을 속속들이 알고 있었다면 데미안의 특성을 이해하는 데 도움이 되었을 터였다. 하지만 난 겨우 데미안의 어머니가 아주 부자라고 들었을 뿐이었다. 그 외에는 그녀도 그 아들도 교회에는 나가지 않는다는 말이 있었다. 어떤 소년은 그들이 유대인이 아닐 수도 있지만 이슬람교도일 가능성도 있다고 했다. 또 막스 데미안의 신체적 기량에 관한 이야기도 난무했다. 한번은 그가 자기 반에서 가장 힘센 소년에게 단단히 창피를 줬는데, 그건 그 소년이 데미안에게 싸움을 걸었고 싸우기 싫다는 데미안을 겁쟁이라고 놀려댔기 때문이었다. 당시 상황을 목격한 아이들의 말에 따르면 데미안이 한 손으로 상대의 목덜미를 꽉 움켜잡고 아주 세게 눌러버리자 그 소년은 그만 하얗게 질려 슬금슬금 자리를 피해버렸다는 거였다. 결국 그 소년은 며칠 동안 팔을 제대로 쓸 수 없었다고 한다. 그러고 나서 그 소년이 그만 죽어버렸다는 소문이 저녁 내내 나돌기도 했다.

그렇게 한동안은 소문과 관련된 그 어떤 주장도 터무니없다고 여겨지지 않았으며 데미안에 관한 모든 것들이 그저 놀랍고 흥미진

진할 따름이었다. 그러다 일시적이긴 했지만 소문이 잠잠했던 적도 있었다. 마치 이젠 실컷 다 즐기기라도 했다는 듯이 말이다. 하지만 오래지 않아 아이들 사이에서 소문은 더 생겨나기 시작했다. 몇몇 남학생은 데미안이 여학생과 어울리면서 '모든 걸 다 알고 있다'라고 말하고 다녔다.

한편 프란츠 크로머와의 일은 어찌할 도리 없이 당연한 수순을 밟고 있었다. 어쩌다 그가 며칠 동안 내게 시비를 걸지 않고 놔둘 때조차 나는 도저히 그에게서 벗어날 수 없었다. 그때까지도 난 여전히 그에게 얽매여 있었던 것이다. 꿈속에서 크로머는 내 그림자라도 된 양 내 곁을 떠날 줄 몰랐다. 그가 실제로 내게 자행하지 못했던 짓들이 꿈속에서는 이루어져 꿈을 꾸는 동안 나는 철저히 그의 노예 노릇을 해야 했다. 평소에도 늘 온갖 꿈을 꿔온 나는 당시 그러한 꿈에 꽤나 몰두해 있어서 실제 삶에서보다 꿈의 그늘 안에서 체력과 힘을 소진해버리기 일쑤였다. 자꾸만 꾸게 되는 악몽 하나는 크로머가 나를 고문하고 침을 뱉고 무릎으로 짓누르고 그것도 모자라 내가 심각한 범죄를 저지르도록 유혹하는 꿈이었다. 사실 유혹이라기보다는 자신의 강한 성격을 이용해 거의 반강제로 범죄 행위를 강요했다고 봐야 하겠지만 말이다. 이러한 악몽들 중에서도 내가 거의 실성할 정도로 정신이 나가 잠에서 깰 정도로 끔찍했던 장면이 있는데, 그건 바로 아버지를 죽이려고 덤벼드는 꿈이었다. 꿈속에서 크로머는 칼을 간 다음 내게 건넸고 우리는 거리의 나무들 뒤에 숨어 누군가 나타나길 기다렸다. 마침내 기다리던 사람이 접근해 오자 크로머는 내 팔을 꼬집으며 내가 찔러야 할 자가 바로 저 남자라고 일러주었다. 그러고 나서 자세히 보니 그는 다름 아닌 내 아버지였다. 그 순간 나는 잠에서 깨버린 것이다.

이런저런 상념에 사로잡혀 있긴 했지만 난 여전히 카인과 아벨의 이야기에 대해 생각하곤 했다. 데미안을 떠올리는 시간은 의외로 많지 않았다. 그러다 그가 다시금 나를 찾은 건 이상하긴 하지만 역시나 꿈속에서였다. 난 또다시 고문과 폭행의 피해자가 된 꿈을 꾸곤 했는데, 이번엔 무릎으로 나를 짓누르던 자가 바로 데미안이었다. 이건 여태 없었던 완전히 새로운 장면으로 꽤나 인상 깊었다. 크로머가 나를 괴롭히는 꿈에서 내가 저항하고 또 그만큼 내게 고통을 안겼던 그 모든 것들이 데미안의 손아귀에 사로잡힌 꿈에서는 고통스러울지언정 기껍게 수용되었다. 두려움만큼이나 황홀한 감정도 컸던 것이다. 이런 꿈을 두 번 더 꾸고 나서 세 번째부터는 프란츠 크로머가 원래대로 등장하기 시작했다.

한참 전부터 나는 꿈속에서 벌어진 일을 현실과 구분하기 힘들었다. 어찌 되었건 크로머와의 불편한 관계는 지속되었고, 훔쳐낸 돈을 조금씩 갖다 바치며 그에게 진 빚을 다 갚고 나서도 그 관계는 단절되지 못했다. 내가 돈을 가져갈 때마다 돈의 출처를 물어댄 그는 내 소소한 도둑질을 전부 꿰뚫고 있었기에 그의 손아귀에서 벗어나기란 그 어느 때보다 어려웠다. 크로머는 종종 내 아버지께 모든 걸 일러바치겠다고 으름장을 놔댔지만, 그럴 때면 그런 그의 협박보다 애초부터 아버지께 사실대로 말하지 않은 것에 대한 후회가 훨씬 더 크게 밀려들곤 했다. 그런가 하면 말할 수 없이 비참한 나날을 보내던 중에도 내가 지난날을 전부 후회하기만 한 건 아니다. 이따금 일이 이렇게 된 것도 운명이라는 생각이 들기도 했다. 운명이 지독히도 단단히 나를 붙들고 있었기에 거기서 달아나려 애쓰는 건 소용없는 짓이었다.

짐작건대 이런 상황이 계속되는 동안 부모님의 상심도 컸을 터였다. 아주 낯선 심리가 나를 잠식함에 따라 나는 이전까지 밀접하게 결속되어 있던 가족이라는 집단에 더 이상 들어맞지 않는 사람이 되어버렸으며, 때때로 잃어버린 낙원을 그리워하듯 가족을 향한 강렬한 갈망에 사로잡히기도 했다. 한편 사실이 그렇기도 했지만 어머니는 나를 어딘가 아픈 아이라기보다 다루기 힘든 사고뭉치인 양 취급했다. 어쨌거나 난 누나들이 나를 대하는 태도를 통해 실제로 상황이 어떻게 돌아가는지 더 잘 판단할 수 있었다. 누나들이 보여준 극도로 관용적인 태도는 내게 끝없는 고통을 안겼는데, 그건 그들의 그런 태도를 보고 있노라면 내가 '악마에 홀린' 존재로 간주되고 있다는 사실이 너무도 분명해졌기 때문이다. 물론 무턱대고 비난하기보다는 동정해야 할 대상에 가깝긴 했지만, 그렇다 하더라도 이미 악마는 내 안에 제대로 자리하고 있었다. 가족들은 그 어느 때보다 더 열심히 나를 위해 기도했지만, 나는 그들의 기도가 전부 헛수고임을 알았다. 또 마음의 안녕을 향한 강렬한 열망과 제대로 참회하고픈 갈망을 수시로 느꼈지만, 그렇다고 해서 어머니나 아버지에게 그간 있었던 일을 제대로 고하고 설명할 순 없다는 사실도 미리부터 알고 있었다. 물론 부모님께선 모든 걸 받아들이고 내게 동정 어린 시선을 던지며 안타까워하겠지만, 완전히 이해하진 못하실 뿐더러 그 모든 사건을 일탈로 간주해버릴 터였다. 알고 보면 사실상 그 모든 것이 운명이었는데도 말이다.

물론 열한 살도 채 되지 않은 아이가 그런 감정을 품는다는 걸 사람들은 좀처럼 믿으려 들지 않겠지만, 사실 이 이야기는 그런 사람들에게 들려주려는 것이 아니다. 나는 인간의 본성을 좀 더 잘 이해하는 이들에게 내 이야기를 들려주고 싶다. 자신의 감정 일부를 생각으로 바꾸는 것에 익숙해져 버린 어른이라면 아이가 품은 이러한 생각들을 간과할 것이며 나아가 아이가 겪은 일들까지 부인하게 마련이다. 하지만 내 인생을 통틀어 그때만큼 심오하게 느끼고 고통받은 적은 거의 없다.

어느 비 내리던 날 나는 크로머의 지시에 따라 마을 광장으로 나갔다. 거기 서서 그를 기다리며 난 비에 젖은 밤나무에서 떨어진 나뭇잎들 사이로 발을 이리저리 휘젓곤 했다. 수중에 돈은 없었지만 케이크 두 조각을 따로 챙겨 나온 터였다. 크로머에게 뭐라도 쥐여 줄 수 있도록 말이다. 난 종종 아주 오랫동안 광장 한구석에 서서 그를 기다렸으며 그렇게 하는 데 익숙해져 있었다. 마치 어쩔 수 없는 상황을 견디는 법을 배우기라도 하듯 나는 그 시간을 참아냈다.

마침내 크로머가 다가오는 게 보였다. 그는 그리 오래 머물지 않았다. 내 옆구리를 한 번 쿡 찌른 그는 웃으며 케이크를 가져가더니 축축한 담배를 건네기까지 하며 평소보다 친근하게 굴었다.

"아, 그렇지." 자리를 뜨며 그가 입을 열었다. "깜빡 잊기 전에 말해두는데 말이야. 다음번에 나올 땐 네 누나도 좀 데려와라. 네 큰누나 말이야. 누나 이름이 뭐였더라?"

그의 정확한 의도를 파악하지 못한 나는 아무런 대답도 하지 못한 채 그저 놀라 멍한 표정으로 그를 바라볼 따름이었다.

"모르겠어? 네 누나를 데려오라고."

"무슨 말인지 알겠어, 크로머. 하지만 그건 좋은 생각이 아니야. 집에서 그렇게 하도록 허락하지도 않을 테지만 누나도 따라 나올리 없어."

사실 그런 그의 제안이 그리 놀랍진 않았다. 그건 그저 하나의 계략이자 구실에 불과했으며 그가 늘 행하는 짓거리였다. 그러니까 그는 뭔가 불가능한 걸 요구하며 한껏 겁을 주고 나를 모욕해대다가 점차 화를 누그러뜨리는 것이었다. 그럴 때마다 난 그에게 돈이나 선물을 쥐어준 다음 풀려나곤 했다.

하지만 이번만큼은 그의 태도가 꽤 달라 보였다. 내가 거부 의사를 밝혔음에도 화를 내지 않았던 것이다.

"이봐." 크로머가 꽤나 사무적인 어투로 말을 꺼냈다. "한번 잘 생각해보라고. 그저 네 누나를 만나보고 싶은 거야. 넌 그냥 산책길에 누나를 데려오기만 하면 돼. 그럼 내가 알아서 네 쪽으로 다가갈 테니까 말이야. 내일 널 향해 휘파람을 불게. 그때 만나서 다시 얘기해보자."

크로머가 가버리고 나자 불현듯 그의 요구에 내재된 속뜻을 분명히 알 것만 같았다. 사실 이런 문제에 관해선 여전히 어린아이에 지나지 않는 나였지만, 주변에서 전해 듣기로는 남학생과 여학생이 좀 더 나이를 먹고 나면 다소 비밀스럽고 부적절한 행위들을 함께 할 수 있다고 했다. 아, 그렇다면 그의 그런 요구는 얼마나 소름 끼치도록 무시무시한 것인가. 생각이 거기에 미치자 나는 그 즉시 그런 일에는 가담하지 않겠다고 단단히 결심하게 되었다. 하지만 그렇게 되면 어떤 일이 벌어질지 그리고 크로머가 내게 어떤 식으로 복수를 할지 감히 떠올리기조차 힘들었다. 그 순간은 새로운 고난의 시작으로 장차 훨씬 더 힘겨운 일들이 닥쳐올 터였다.

잔뜩 의기소침해진 나는 손을 호주머니에 꽂은 채 텅 빈 광장을 가로질러 걸었다. 또 다른 고통이 밀려들어 나를 속박하려는 참이 었다.

그런 생각에 잠겨 있던 순간 나직하면서도 명랑한 음성이 반가운 듯 나를 불렀다. 나는 놀란 나머지 마구 뛰기 시작했다. 누군가가 나를 쫓아오는가 싶더니 뒤에서 내 어깨를 부드럽게 잡는 손길이 느껴졌다. 그건 바로 막스 데미안이었다.

그가 나를 따라잡은 것이다.

"이런, 너였구나!" 나는 애매한 어투로 입을 열었다. "깜짝 놀랐지 뭐야!"

그가 나를 바라봤다. 그의 표정이 그 순간만큼 어른스럽고 우월하며 통찰력 있었던 적은 없었다. 사실 우린 한참 동안 이야기를 나누지 않았던 터였다.

"미안하구나"라고 그는 공손하면서도 단호한 투로 말했다. "그런데 들어봐. 그런 식으로 겁먹은 티를 내면 안 돼."

"하지만 늘 마음먹은 대로 되는 건 아니잖아."

"그래, 그런 것 같구나. 그래도 생각해봐. 누군가 네게 아무 짓도 안 했는데 네가 그렇게 움찔하고 물러서면 그자는 생각에 잠길 거야. 그러고는 놀라워하겠지. 그는 곧 뭔가 캐내고 싶어질 거야. 그다음엔 네가 유난히 불안해한다고 여기고는 인간이란 뭔가 두려울 때 그런 법이라고 결론짓겠지. 겁쟁이들은 늘 두려워하게 마련이야. 하지만 난 네가 겁쟁이라고 생각한 적은 없어. 그렇지? 넌 겁쟁이가 아니잖아? 물론 그렇다고 해서 네가 영웅은 아냐. 어쨌건 네게도 두려운 것들이 있을 테고 또 네가 두려워하는 사람들도 있을 거야. 그래도 말이지, 그럼 안 돼. 안 되고말고. 사람이 사람에게 두려움을 품어선 절대 안 된다고. 너 내가 두렵진 않잖아? 아니면 정말 내가 두렵기라도 한 거니?"

"아, 아냐. 전혀 두렵지 않지."

"그래, 바로 그거야. 그래도 나 말고 네가 겁내는 사람이 있어?"

"잘 모르겠어⋯⋯. 날 그냥 좀 내버려둬. 원하는 게 뭐야?"

나는 오만가지 생각에 사로잡힌 채 걸음을 재촉했지만 데미안은 금세 나를 따라잡았고, 그가 곁눈질로 나를 쳐다보는 것이 느껴졌다.

"이렇게 한번 생각해볼까." 그가 다시 입을 열었다. "난 네게 호의적이라고 말이야. 그러니까 넌 나를 두려워하지 않아도 되고말이지. 자, 그럼 좋아. 이쯤에서 난 너랑 실험을 하나 해보고 싶어. 이건 그냥 편하게 하면 되는 실험이고 결과적으로 아주 유용한 사실을 입증해줄 뭔가를 배우게 될 거야. 자, 그럼 한번 들어봐! 난 종종 '생각 읽기'라고들 하는 기술을 시도해본단다. 그렇다고 해서 내가 무슨 마법이라도 쓰는 건 아냐. 하지만 그 기술이 어떻게 행해지는지에 대한 원리를 모른다면 꽤나 이상해 보일 수도 있어. 사람들도 엄청 놀랄 테고 말이야. 자, 그러면 이제 실험을 해볼 거야. 내가 너를 좋아하거나 관심이 있어서 네 속을 들여다보고 싶다고 치자. 사실 난 이미 그렇게 하기 위한 첫 단계를 밟은 셈이야. 널 깜짝 놀라게 했잖니. 어쨌건 말하자면 넌 늘 불안한 상태에 있다고 봐야겠지. 왜 그렇게 되었을까? 따지고 보면 넌 누구도 두려워할 필요가 없어. 그런데도 네가 누굴 두려워한다면 그건 곧 그자에게 널 좌지우지할 지렛대를 제공했다는 거겠지. 그러니까 예를 들어 네가 어떤 잘못을 저질렀는데 상대도 그 사실을 알고 있어. 그러면 그자는 널 쥐

락펴락할 권한을 갖게 된 거지. 이해가 가니? 아주 명확한 문제잖아, 그렇지?"

나는 어찌할 바를 모르고 무력하게 그를 바라보았다. 그는 그 어느 때보다 진지하고 명석한 데다 온화해 보였지만, 그가 보인 태도는 상냥함과는 거리가 멀었고 오히려 엄격하기만 했다. 정의로움 혹은 그에 가까운 무언가가 그런 그의 태도에 녹아들어 있었던 것이다. 내게 무슨 일이 벌어지고 있는 건지 도무지 모를 일이었다. 데미안은 마치 마법사라도 된 양 거기 그렇게 떡 버티고 서서 나를 지켜봤다.

"내 말이 무슨 뜻인지 알아들은 거야?" 그가 재차 질문을 던졌다.

나는 잠자코 고개를 끄덕여 보였다. 쉽사리 말이 나오지 않았다.

"생각 읽기가 이상하고 우스꽝스러울 수 있다고 했지만, 알고 보면 꽤나 자연스럽게 벌어지는 일이기도 해. 가령 이전에 내가 카인과 아벨 이야기를 꺼냈을 때 네가 날 어떻게 생각했는지까지도 난 아주 정확하게 말해줄 수 있단다. 하지만 그런 이야긴 지금 이 일과는 아무런 관계도 없으니까 뭐. 어쨌건 내가 보기엔 네가 한번쯤 내 꿈도 꾼 적이 있을 것 같아. 이것도 그다지 신경 쓸 필요는 없어. 아무튼 넌 똑똑하지만 대부분 아이는 너무 바보 같은데 말이지! 난 내가 신뢰할 만한 똑똑한 사람이랑 이따금 이야기 나누길 좋아한단다. 그래도 되지?"

"그럼, 되고말고. 그런데 이해가 잘 안 돼."

"자, 그럼 편안한 우리 실험을 계속해볼까. 그러니까 우리가 알아낸 건 이거야. X라는 소년은 겁을 집어먹었어. 누군가를 두려워하고 있는 거지. 소년은 아마 그자와 비밀을 공유하고 있을지도 모르고 그 모든 상황이 아주 불편하겠지. 대충 추려보자면 그런데, 정말 그런 거니?"

나는 꿈속에서 그랬든 그의 음성과 영향력에 굴복하고 말았다. 내가 취할 수 있는 행동이라곤 그저 고개를 끄덕여 보이는 것밖에 없었던 것이다. 데미안의 음성은 마치 나 자신만이 낼 수 있는 목소리 같았다. 그 음성은 사실상 모든 걸 나보다 훨씬 더 명확히 파악하고 있었다.

데미안이 내 등을 가볍게 쳤다.

"정말 그런 거야? 그럴 거라고 짐작은 했어. 그럼 이제 하나만 물어보자. 조금 전에 저쪽으로 간 아이의 이름을 말해줄 수 있겠니?"

나는 잔뜩 겁을 집어먹었고 빛을 향해 걸어 나오기가 두려웠다. 위협을 느낀 내 안의 비밀은 한껏 웅크린 채 안으로 파고들려 했다.

"누구 말이야? 여긴 나 말고 아무도 없었는데."

데미안이 웃음을 터뜨렸다.

"말해보라고!" 그가 여전히 웃으며 말했다. "걔 이름이 뭐야?"

"너 혹시 프란츠 크로머를 얘기하는 거야?" 내가 속삭였다.

그는 만족한 듯 고개를 끄덕였다.

"그래, 바로 그거야. 좋아! 넌 역시 분별력이 있어. 우린 친구가 될 수 있을 거야. 그런데, 우선 말해둘 게 있어. 이 크로먼가 뭔가 하는 놈은 순전히 깡패라고. 얼굴만 봐도 나쁜 놈이란 걸 알겠어! 네 생각은 어떠니?"

"아, 그래." 난 한숨을 내쉬며 입을 열었다. "그 자식은 나쁜 인간이지. 악마 같은 놈이야. 그래도 이 일이 그 애 귀에 들어가선 안 돼.

아, 정말이지 크로머가 알아선 안 된다고. 너 그 애를 아는 거야? 걔도 널 알고?"

"이봐, 너무 걱정하지 마! 그 애는 가버렸잖아. 더군다나 걔는 나를 몰라. 아직까지는 말이야. 하지만 난 그 애에 대해서 알아보고 싶어. 크로머라는 애 동네에 있는 학교에 다니지?"

"그래, 맞아."

"어느 반이야?"

"제일 상급반이야. 하지만 걔한테 아무 말도 해선 안 돼. 제발, 부탁이야. 아무 말도 하지 말아줘!"

"염려 마. 너한테 무슨 일이 벌어지진 않을 테니. 보아하니 너 나한테 그 크로머라는 자식에 대해 좀 더 얘기해줄 거 같진 않구나, 그렇지?"

"안 되고말고! 안 돼, 날 그냥 내버려두라고!"

데미안은 잠시 말이 없었다.

"그것참 안됐구나." 그가 말을 이었다. "우린 실험을 한 단계 더 발전시킬 수 있었는데 말이지. 하지만 널 괴롭힐 생각은 없어. 그래도 이건 알아둬. 너도 알겠지만 말이야, 그 애를 두려워한다면 그건 아주 잘못된 거란다. 그런 식의 두려움은 우릴 깡그리 무너뜨릴 수 있단 말이지. 그래서 우린 그런 두려움을 없애버려야 해. 너도 마찬가지고 말이야. 잘 지내려면 우선 그런 두려움에서 벗어나라고, 알아듣겠니?"

"당연하지. 네 말이 맞아……. 하지만 소용없는 짓이야. 아마 넌 모를 거야……."

"하지만 너도 봤잖아. 난 네가 생각하는 것보다 훨씬 더 많은 걸

안다고. 너 혹시 걔한테 빚진 돈이 있는 거야?"

"그래, 뭐, 그렇기도 해. 하지만 그게 가장 큰 문제는 아냐. 어쨌든 난 말해줄 수 없어. 안 된다고."

"그렇담 내가 네게 그 빚진 액수만큼의 돈을 준다면 좀 수월해지지 않을까? 그렇게 하는 건 전혀 어렵지 않거든."

"아니, 그런 말이 아냐. 그리고 그 일에 대해선 누구에게도 말하지 말아달라고 이렇게 빌게. 한 마디도 새어 나가선 안 돼! 난 지금 너 때문에 아주 불행해졌어."

"싱클레어, 나를 한번 믿어봐. 네 비밀에 관해선 다음에 얘기해줘도 돼."

"아니, 절대 그럴 일은 없어." 난 울부짖듯 크게 외쳤다.

"그래, 네 마음 내키는 대로 하렴. 난 그저 나중에라도 네가 그 일에 대해 좀 더 얘기할 수 있단 거야. 물론 자발적으로 말이지! 설마 너 내가 크로머처럼 굴 거라고 생각하는 건 아니겠지?"

"오, 그럴 리가. 하지만 실제로 넌 아무것도 모르잖아!"

"그렇지, 하나도 모른다고 볼 수 있지. 난 그저 짐작할 뿐이야. 그래도 이봐, 이건 믿어도 돼. 난 절대 크로머처럼 굴지 않을 거야. 게다가 넌 내게 빚진 것도 없잖아."

그리고 나서 우린 오랫동안 입을 열지 않았고 그러는 사이 내 마음도 차차 가라앉았다. 하지만 데미안이 많은 걸 알고 있단 사실이 내겐 더욱 수수께끼처럼 다가올 따름이었다.

"그럼 난 이만 돌아가볼게." 데미안은 비를 맞으며 외투 자락을 더욱 단단히 여몄다. "있잖아, 이왕 여태 이야기를 나눈 김에 한 가지만 더 말해두고 싶은데 말이야. 정말이지 넌 그 자식을 처리해야

해! 어떻게 할 도리가 없다 싶으면 그땐 그냥 놈을 죽여버리라고! 만일 네가 그랬다고 하면 아주 유쾌하고 인상 깊은 일이 될 거야. 여차하면 널 도와줄 수도 있어."

난 다시 두려워졌다. 불현듯 카인의 이야기까지 재차 떠올랐다. 모든 상황이 불길한 것만 같아 나는 숨죽여 울기 시작했다. 나를 에워싼 주변에서 이상한 일들이 너무 많이 벌어지는 것만 같았다.

"그럼 됐어." 막스 데미안이 웃으며 말했다. "이제 가보라고! 어떻게든 해보기로 하자. 죽일 수 있다면 그게 제일 간단하겠지만 말이야. 그런 경우엔 늘 단순한 게 최고지. 어쨌든 크로머를 친구로 둔다면 곤란해질 게 뻔해."

집으로 돌아온 나는 마치 일 년 동안 집을 떠나 있었던 것 같은 기분에 휩싸였다. 모든 것이 이전과는 달라 보였다. 이제 나와 크로머 사이에는 미래를 가리키는 무언가가 서 있었다. 희망의 성격을 품은 그 무언가가 말이다. 나는 더 이상 혼자가 아니었으며, 지난 몇 주간 홀로 비밀을 품은 채 얼마나 끔찍이도 외로웠는지 처음으로 깨닫게 되었다. 게다가 종종 혼자서 진지하게 곱씹어보곤 했던 생각이 고개를 들었다. 그러니까 부모님께 다 털어놓고 자백한다 해도 마음이야 좀 놓이겠지만 그간의 실수를 전적으로 만회할 순 없다고 말이다. 이제 이렇게 낯선 누군가에게 거의 자백하다시피 이야기하고 나니 안도감이 강렬한 향수처럼 밀려들었다.

그럼에도 나는 여전히 두려움을 극복하지 못했고 내 적과 치러야 할 끔찍하고 기나긴 싸움을 예견하고 있었다. 그렇기에 그 문제가 그다지도 신중하고 차분히 마무리된 것이 그저 놀랍기만 했다.

하루, 이틀, 사흘, 아니 일주일이 지나도록 우리 집 앞에선 더 이상 크로머의 휘파람 소리가 들리지 않았다. 믿기지 않았지만, 난 어쨌든 줄곧 경계를 늦추지 않았다. 방심하는 틈을 타 크로머가 언제든 다시 모습을 드러낼 수도 있었으니까. 하지만 이후로도 그는 나타나지 않았다. 새로이 찾아든 자유가 낯설고 또 그다지 믿기지 않던 와중에 드디어 프란츠 크로머와 마주친 날이 있었다. 내 쪽으로 다가오던 그는 자일러가세Seilergasse 쪽으로 내려가는 중인 듯했다. 크로머는 멀리서 나를 알아보고 얼굴을 잔뜩 찌푸리더니 별말도 없이 돌아서서 가버렸다. 마치 나를 피하려는 듯이 말이다.

그건 그야말로 놀라운 순간이었다. 나를 괴롭히던 적이 나를 피해 달아난 것이다. 악마가 나를 두려워하다니! 나는 기쁨과 놀라움에서 오는 짜릿함을 경험했다.

그 무렵 데미안이 다시 한 번 모습을 드러냈다. 그는 학교 앞에서 나를 기다렸다.

"안녕." 내가 먼저 인사를 건넸다.

"안녕, 싱클레어. 그냥 네가 어떻게 지내는지 이야기나 한번 들어보고 싶었어. 크로머는 널 가만히 내버려두고 있는 거지? 그렇지?"

"네가 그렇게 만든 거야? 하지만 어떻게 그게 가능해? 대체 뭘 어떻게 한 거니? 잘 이해가 안 가서 말이야. 크로머는 곧장 사라져버렸어."

"아주 좋아. 그럴 것 같진 않지만, 만약에라도 그 애가 다시 나타나면 말이야. 워낙 건방진 자식이니까. 넌 그냥 데미안을 잊은 거냐고 그렇게만 말해."

"그런데, 일이 대체 어떻게 된 거야? 그놈이랑 한판 붙어서 마구 패버리기라도 했어?"

"아니, 난 그런 짓을 별로 좋아하지 않아. 그냥 너한테 그런 것처럼 그 앨 붙잡고 이야기만 좀 했을 뿐이야. 그리고 널 내버려두는 편이 그 애한테도 좋을 거라고 분명히 해뒀지."

"아, 그렇구나. 걔한테 돈을 준 건 아니겠지?"

"그럼, 아니지. 이미 네가 그렇게 해봤잖아."

그렇게 말하고 나서 그는 급히 자리를 떠났다. 그에게 더 많은 걸 물어보고 싶었지만 그를 만나고 나면 느껴지곤 했던 왠지 모를 답답함만이 남아 있을 뿐이었다. 그리고 그 답답함이란 감정 안에는 감사와 경외심, 존경과 두려움, 동조와 내적 적의가 묘하게 섞여 있었다.

나는 곧 다시 데미안을 만나 카인과의 문제를 비롯해 모든 걸 상의해봐야겠다고 마음먹었다. 하지만 일이 마음먹은 것처럼 풀리진 않았다.

사실 감사는 내가 선호하는 덕목도 아니거니와 한낱 어린아이가 그 덕목을 실천하리라 기대하는 건 옳지 못한 듯하다. 그런 맥락에서 볼 땐 내가 막스 데미안의 은혜를 모르는 것처럼 행동한 것 역시 그리 놀랍진 않다. 요즘 와서 돌이켜보더라도 그가 나를 크로머의 손아귀에서 해방시켜주지 않았다면 아마도 난 심신을 회복하기는 커녕 엉망으로 망가진 인생을 살았을 터였다. 물론 그 당시에도 난 내가 크로머의 영향력에서 벗어나 그렇게 자유로워진 걸 내 유년기의 최대 사건으로 꼽았다. 하지만 난 나를 해방시켜준 그가 기적을 일으킨 그 즉시 그를 무시해버리고 말았던 것이다.

여하튼 조금 전에 언급한 것처럼 내가 감사할 줄 몰랐다고 해도 그건 그리 놀라운 일이 아니었다. 한 가지 의아한 점이라면 그건 바로 내 호기심이 터무니없이 부족했다는 것이다. 데미안으로 인해 눈을 뜬 그 비밀들에 대해 좀 더 알아보지 않은 채 어떻게 계속 살아갈 수 있었던 걸까? 카인과 크로머, 생각 읽기에 관해 좀 더 많은 내용을 듣고 싶은 호기심은 대체 어떻게 억누를 수 있었을까?

정말이지 좀처럼 이해할 수 없는 노릇이지만, 어쨌건 당시에는 그럴 수밖에 없었던 것 같다. 그러니까 난 불현듯 악마의 덫에서 벗어난 나 자신을 보게 되었고 밝고 유쾌한 세상이 내 앞에 펼쳐져 있음을 직시했다. 또 예고 없이 엄습해 오는 공포와 숨이 막힐 것 같은 두근거림 때문에 더는 무너져 내리지 않아도 되었다. 불미스러운 사건은 마무리되었고 나는 더 이상 구제받지 못한 채 고통에 몸부림치지 않아도 되었다. 다시 평범한 학생으로 돌아온 것이다. 어느새 난 본능적으로 평정심과 침착성을 되찾으려 애쓰고 있었으며 뭐가 됐든 흉하고 위협적인 거라면 눈앞에서 치워버리고 잊으려 했다. 이렇게 해서 죄책감과 두려움으로 얼룩진 사건의 기나긴 이야기는 놀랍도록 재빨리 내 기억에서 사라져갔고 그 어떤 흉터나 부작용도 남기지 않았다.

또, 요즘에 와서는 당시 내가 왜 구세주이자 조력자인 그 역시 가능한 한 빨리 잊으려 했는지도 충분히 이해할 수 있다. 지옥에서 만난 슬픔의 골짜기로부터, 그리고 크로머에게 구속되었던 끔찍한 시절로부터 내 다친 영혼은 온 힘을 다해 달아나고 있었다. 한때 내가 행복하고 만족스럽게 생활했던 그곳을 향해 말이다. 그곳은 이제 막 다시 출구가 열리기 시작한 잃어버린 낙원으로 아무 문제 없이 평온한 어머니와 아버지의 세계였다. 또 내 누나들과 청결한 환경이 풍기던 좋은 냄새와 하느님을 섬기던 아벨과 일체 되는 삶 역시 내가 지향한 곳이었다.

데미안과 짧은 대화를 나눈 그날, 새로이 얻게 된 자유를 마침내 완전히 실감하며 그걸 다시 잃게 될 가능성에 대한 두려움조차 떨친 나는 그간 너무도 빈번하고도 간절히 바라던 걸 행동으로 옮겼다. 그건 바로 그간 있었던 일에 대한 참회였다. 나는 곧장 어머니를 찾아가 돈 대신 게임용 동전으로 채워진 망가진 저금통을 보여드렸다. 그러고는 스스로 만들어낸 죄책감 때문에 악마와 같은 놈에게 사로잡혀 오랫동안 괴롭힘당해 왔음을 낱낱이 고해바쳤다. 어머니는 내 이야기를 완전히 알아듣진 못한 것 같았지만, 망가진 저금통과 그사이 변해버린 내 모습, 그리고 달라진 목소리 톤을 확인하고는 내 상처가 이미 치유되었으며 내가 당신에게로 돌아왔음을 직감하였다.

이제 나는 한껏 고조된 기분으로 마치 탕아의 귀향처럼 가족의 품으로 되돌아온 나를 반기는 의식을 치렀다. 어머니는 나를 아버지에게 데려가 내가 했던 이야기를 전부 되풀이했고 곧이어 온갖 질문과 칭찬을 뜻하는 탄성이 쏟아졌다. 그러고는 어머니와 아버지 두 분 다 내 머리를 쓰다듬으며 안도의 한숨을 크게 내쉬었다. 그야말로 모든 것이 놀랍고 동화 같았으며 근사한 조화로움을 되찾은 순간이 아닐 수 없었다.

나는 가식이라곤 전혀 없이 이 조화로움 속으로 도피했고, 평정심과 부모님의 신뢰를 회복하게 되어 이루 말할 수 없이 감사했다. 그야말로 가정에 충실한 소년이 된 나는 그 어느 때보다 누나들과 많이 어울렸으며 저녁기도 시간이면 구원받은 귀향자의 심정이 되어 좋아하는 찬송가를 죄다 불러댔다. 나는 그 모든 일에 진심으로 임했고 거짓이라곤 찾아볼 수 없었다.

하지만 그렇다고 해서 우리 집안에서 벌어진 모든 일이 제대로 돌아간 건 아니었다. 데미안을 등한시한 내 태도만 해도 그랬다. 따지고 보면 참회는 어머니가 아니라 데미안에게 해야 했다. 그랬다면 덜 부풀려지고 감정을 좀 덜어낸 참회가 되었겠지만, 내겐 더 큰 결실을 남겼을 터였다. 어쨌건 난 안간힘을 써서 내 유년기의 낙원에 발붙이려 하고 있었다. 마침내 난 집으로 돌아와 부드럽게 받아들여졌다. 하지만 데미안은 이 세계에 속하지 않았고 이 분위기에 들어맞을 리도 없었다. 여하튼 크로머와 다르다고는 하지만 데미안 역시 나를 '유혹한 자'로서 내가 결코 연관되고 싶지 않은 제2의 사악한 세계와 나를 잇는 매개체가 되었다. 이제 난 다시 한 번 아벨이 된 셈이므로 지금에 와서 아벨을 버리고 카인을 찬미할 순 없는 노릇이었다.

표면상으로는 그러했지만, 안을 들여다보면 비록 내가 크로머와 악의 손아귀에서 벗어났다 해도 그건 나 자신의 힘과 노력으로 이뤄낸 일이 아니었다. 난 세상이 내어둔 길에 발을 디디려 해봤지만, 그 길들은 미끄럽기만 했다. 그러다 어느 친근한 손이 나를 붙들어 구제해준 지금 어머니의 무릎으로, 그리고 안전망이 되어주는 신앙과 어린 시절의 울타리로 도피 중이었다. 바깥세상에는 눈길도 주지 않은 채 말이다. 어느새 난 실제의 나보다 더 어리고 의존적이며 유치해져 있었다. 어찌 되었건 난 홀로 걸음을 내디딜 수 없었으므로 크로머에 대한 의존성을 새로운 것으로 대체시켜야 했다. 그 결과 나는 심장의 소리를 듣지 못한 채 아버지와 어머니께, 그러니까 익숙하고 소중한 '빛의 세계'에 기대기로 한 것이다. 물론 난 이미 그것이 유일한 길이 아니었음을 알고 있기도 했다. 만일 내가 이 수순을 밟지 않았다면 데미안에게 붙어 그에게 내 마음을 다 털어놨을 터였다. 내가 그렇게 하지 않았던 건 당시로선 데미안의 기이한 발상에 대한 정당한 불신 때문인 듯했다. 실제로는 순전히 두려웠기 때문이었지만 말이다. 데미안은 부모님보다 훨씬 더 까다롭게 굴었을 테니까. 그는 설득과 책망, 조롱, 비난을 통해 나로 하여금 독립적 정신을 배양하도록 무던히도 애썼다. 아, 오늘에 와서야 난 너무도 잘 알게 되었다. 자신에게로 향하는 길을 좇는 것보다 더 내키지 않는 일은 세상에 없다는 걸 말이다.

하지만 그로부터 반년쯤 지났을 무렵 난 그만 유혹을 이기지 못하고 산책 중에 아버지께 질문을 던지고 말았다. 그러니까 많은 이들이 카인을 아벨보다 더 낫다고 여기는 현상에 대해 어떻게 생각하느냐고 말이다.

아버지는 깜짝 놀라며 그것이 새롭게 부상한 해석은 아니라고 설명해주었다. 사실 그러한 해석은 구약 성경에도 이미 출현한 바 있으며 '카인파'라는 종파에서 그렇게 가르쳤다고 한다. 하지만 물론 이러한 이단은 우리의 믿음을 파괴시키려는 악마의 시도에 불과하다고도 덧붙였다. 그도 그럴 것이 만일 누군가 카인이 옳고 아벨이 그르다고 믿는다면 그건 곧 하느님께서 실수를 저질렀으며 성경이 말하는 하느님 역시 진실되거나 유일하지 않고 거짓되었다는 의미이기 때문이다. 실제로 카인파는 그러한 내용을 가르치고 설교하는 것으로 알려져 있었으나 이처럼 그릇된 교리는 오래전에 자취를 감춘 만큼 내 학교 친구가 그것에 관해 들어 알고 있다는 사실이 아버지는 그저 놀라운 듯했다. 여하튼 아버지는 그런 생각을 품지 않도록 조심해야 한다고 정색하며 충고했다.

3

십자가 위의 죄인

어린 시절의 행복하고도 민감한 사건들을 소재로 한 이야깃거리는 많을 것이다. 그건 부모님을 통해 만끽한 안도감과 어린아이다운 애착, 온화하고 다정한 분위기 속에서 이어간 태평하고 거칠 것 없는 생활에 관해서도 마찬가지다. 하지만 내 관심은 자아실현을 위해 내가 걸어온 길에 집중될 따름이다. 휴식이 선사하는 그 모든 유쾌함과 행복의 열도, 그 마법의 힘을 익히 알고 있는 낙원이 존재하긴 하지만, 그건 멀리 떨어져 보아야만 황홀한 법이다. 난 그 세계로 다시 들어가고 싶은 마음이 특별히 없다.

내 어린 시절에 대해 이야기할 땐 완전히 새로운 경험, 나를 앞으로 나아가도록 한 일들만 다루려고 한다.

어쨌거나 이러한 자극은 하나같이 '다른' 세계로부터 도래했으며 그때마다 두려움과 제약, 양심의 가책이 동반되었다. 그뿐만 아니라 그러한 자극들은 늘 획기적이어서 내가 계속 품고자 했던 평정심을 위협했다.

그러다 밝은 빛의 세계로 돌아가 그곳에 은신하고자 하는 예전의 그 욕구가 다시 일어 그걸 간과할 수 없는 시기가 다시금 찾아왔다. 또한 다른 모든 이들의 경우에도 그러하듯 그 무렵 난 어렴풋하게나마 성性에 대해 인식하기 시작했고 그것을 적이자 파괴자, 금지되고 타락한 죄악이라고 여겼다. 내 호기심의 대상, 그리고 꿈과 욕망과 두려움으로 인해 내 안에서 일어났던 것, 사춘기의 위대한 비밀 따위는 사실상 어린 시절의 기쁨이라는 제한된 행복에 전혀 들어맞지 않았다.

어쨌건 난 다른 사람들과 똑같이 행동했다. 난 더 이상은 어린아이가 아닌 자의 이중적 어린 시절을 보내고 있었다. 또한 내 이성은 아늑하고 허락된 환경에서 살고 있는 동시에 내 곁에 음침하게 도사리고 있는 새로운 세계를 부인했다. 하지만 이와 더불어 나는 비밀스러운 꿈과 사건들, 욕망 속에서 살았는데, 어린 시절의 세계가 허물어지고 있었던 만큼 내 의식적 삶은 그것들 위로 초조하게 일련의 다리를 놓고 있었다. 다른 모든 부모와 마찬가지로 내 부모님 역시 몸부림치며 깨어나는 생명의 뿌리를 제대로 거두지 못했다. 그들에겐 참고할 만한 기준이 없었던 것이다. 자연히 부모님께선 현실을 부인하고 점점 더 비현실적이고 인위적으로 변해가는 어린 시절의 세계에 머물고자 하는 내 절망적 시도를 애써 힘겹게 지지할 따름이었다. 사실 이런 문제에 있어 부모로서 할 수 있는 건 많지 않기 때문에 난 굳이 부모님을 비난하지 않으려 한다. 나 자신을 통찰하고 내 길을 찾는 건 오롯이 내가 감당해야 할 일이었지만, 좋은 집안에서 자란 대부분의 아이가 그러하듯 나 역시 그런 쪽으론 형편 없었다.

이처럼 위태로운 시기는 누구나 겪게 마련이다. 평범한 사람의 경우라면 자신의 운명이 요구하는 바가 주변 환경과 조화를 이루지 못하고 상충하여 내 앞에 놓인 길이 험난하게만 보일 때 인생에서 이런 위기와 맞닥뜨리게 된다. 많은 이들의 경우 이는 인생에서 죽음과 부활을 경험하는 유일한 시기로 어린 시절이 퇴락하며 점차 붕괴되는 동안 우리는 사랑하는 모든 것들로부터 버림받아 불현듯 사무치는 외로움과 주변 세계의 냉랭함을 체감하게 되는 것이다. 그리고 아주 많은 사람이 절벽에 매달린 채 돌이킬 수 없는 과거와 잃어버린 낙원에 대한 꿈을 평생토록 절박하게 붙들고 늘어진다. 그 꿈은 꿈들 중에서도 가장 고약하고 잔인한 축에 속하는데도 말이다.

다시 내 이야기로 돌아가보면 내 어린 시절의 끝을 알리는 감각이란 따로 언급하기에는 너무도 사소한 것들이다. 대신 정작 중요한 건 '어두운 세계', 그러니까 '다른 세계'가 다시금 존재한다는 거였다. 그것이 이전에는 프란츠 크로머였지만 이젠 내 안에 자리했다. 그리고 이런 식으로 '다른 세계'는 외부에서만 유입되던 나에 대한 지배력을 획득하고 있었다.

크로머와의 사건이 있고 나서도 몇 년이 더 흘렀다. 그즈음에는 내 인생에서 아주 극적이고 죄책감으로 차 있던 시기도 멀어져가면서 마치 짧았던 악몽처럼 흩어져버린 듯했다. 프란츠 크로머는 진즉에 내 삶에서 사라져버렸기에 실제로 그와 마주쳤을 때조차 난 그에 대해 크게 신경 쓰지 않았다. 반면 내 비극적 이야기의 또 다른 주요 인물인 막스 데미안은 내 주변에서 사라질 줄을 몰랐다. 그는 오래도록 내 주변을 서성이며 눈에 띄곤 했지만, 딱히 영향력을 행사할 수 있는 범주 안에 있었던 건 아니었다. 다만 그는 아주 서서히 내게 다가와 자신의 힘과 영향력을 발산했다.

당시의 데미안에 관해 기억나는 걸 떠올려보려 한다. 아마도 일 년 혹은 그 이상 그와 한 번도 말을 섞지 않은 듯하다. 난 그를 피했고 아주 가끔 우리가 마주치더라도 그는 고갯짓 정도만 겨우 해 보일 따름이었다. 때때로 이 친근함에 조소와 반어적 비난의 울림이 희미하게 묻어나는 듯한 인상을 받기도 했지만, 그건 그저 나만의 공상이었을지도 모를 일이다. 어쨌거나 데미안과 함께한 경험과 그가 내게 미친 묘한 영향에 대해서는 우리 두 사람 다 잊은 듯했다.

나는 그의 모습을 상기해보려 한다. 어쨌거나 지금에 와서 그를 떠올려볼 때면 그가 분명 내 삶에 들어와 있었음을 알아차릴 수 있다. 혼자서 혹은 다른 고학년 남학생들에 둘러싸여 등교하는 데미안의 모습이 보이는 듯하다. 또 고고하게 학생들 사이를 거니는 낯설고 고독하며 고요한 그의 모습도 보인다. 그런 그는 그만의 독특한 기운을 발하며 자신의 법칙대로 움직이고 있다. 누구도 그를 좋아하지 않았으며 누구도 그와 가까이 지내지 않았다. 단 그의 어머니는 예외였지만 말이다. 하지만 어머니와의 관계에서조차 데미안은 아이라기보다는 어른스러운 분위기를 풍겼다. 교사들도 대부분 그를 내버려뒀는데, 그건 그가 명석한 학생이긴 했지만 그 누구의 비위도 맞추려 하지 않았기 때문이었다. 가끔은 데미안이 선생님께 했다는 대답이나 지적 혹은 말대꾸에 관한 소문이 돌았고, 그건 흠잡을 데 없는 솔직함과 아이러니의 전형이었다.

눈을 감고 생각해보면 데미안의 모습이 바로 눈앞에 떠오른다. 거긴 어디였던가? 아, 그렇지. 이제 알겠어. 그는 우리 집 앞 좁은 길에 서 있었다. 어느 날 난 노트를 손에 든 채 거기 서서 스케치를 하고 있던 그를 발견했다. 그는 우리 집 대문 위쪽을 장식하고 있던 새 모양이 들어간 낡은 문장을 그리는 중이었다. 커튼 뒤에 숨어 그를 훔쳐보던 나는 문장 쪽으로 고개를 돌린 채 열중하고 있는 예리하고 냉정하며 명석한 그 얼굴에 깊이 경탄했다. 그것은 완전히 성장한 성인의 표정을 담은 얼굴로 학자나 예술가를 떠올리게 했으며 신중하고 결의에 찬 데다 묘하게 맑고 차분했다. 게다가 그의 눈은 분별력으로 빛났다.

그로부터 얼마 후 나는 또 다른 상황 속에서 데미안을 발견한다. 하교 중이던 우리는 길바닥에 쓰러진 말 한 마리를 보고선 멈춰 섰다. 말은 소작농의 수레 앞쪽 손잡이에 마구를 매단 채로 가만히 누워 애처로이 콧김을 내뿜고 있었다. 비록 상처는 보이지 않았으나 말은 피를 흘리고 있어서 바로 옆에 쌓여 있던 거리의 분진이 서서히 암적색으로 물들어가는 중이었다. 나는 역겨움을 느끼며 돌아섰고, 그 순간 데미안의 얼굴이 눈에 들어왔다. 그는 앞으로 밀고 나오지 않고 군중 뒤편에 서 있었는데 평소와 마찬가지로 우아하고 편안해 보였다. 데미안은 말의 머리 쪽을 흘깃 보는 듯했는데, 깊이 있고 차분하면서 거의 광적이지만 한편으론 열정적인 그의 집중력이 다시금 드러나는 순간이었다. 나는 한동안 그를 빤히 쳐다볼 수밖에 없었으며 그 순간 의식의 저편에서 아주 묘한 느낌이 일어남을 느꼈다. 데미안의 얼굴을 본 나는 그것이 소년이 아닌 어른의 얼굴이라 여겼다. 하지만 그러고 나선 곧장 그것이 어른의 얼굴도 아님을 보았거나 아니면 그렇다고 감지했다. 그의 얼굴은 뭔가 달라 보였으며 어찌 보면 거의 여성적인 요소가 가미된 것 같았다. 한동안 그의 얼굴은 남성적이지도 유아적이지도, 늙거나 젊지도 않아 보인 대신 수백 살도 더 먹은 것만 같아 거의 시간을 초월한 듯했다. 지금이 아닌 다른 시대의 표식을 지닌 채로 말이다. 사실 동물들이나 나무들 혹은 별들이라면 그런 식으로 보일 법도 하다. 물론 당시에는 몰랐지만, 그때의 나는 지금 내가 어른이 되어 기록한 내용을 정확히 느끼진 못했다. 하지만 그와 비슷한 감정이 들긴 했던 것 같다. 아마도 그는 멋졌을 법하고 아마도 그는 매력적이었을 것이며 아마도 그는 혐오감을 불러일으켰을 수도 있다. 사실 그런 감정에 대한 확신조차 들지 않는다. 확실히 내가 본 거라곤 데미안이 우리와 달랐다는 점이며, 그는 그 어떤 동물이나 정신, 형상을 연상케 했다. 굳이 그를 묘사하자면 믿기 어려울 정도로 우리와는 달랐다고밖에 할 수 없다. 사실 그 외 나머지 것들에 대해서는 전혀 기억이 없는 데다, 지금까지 내가 설명한 내용조차 어느 정도까지는 차후에 품은 감정들 가운데서 추려 모은 것들일 수 있다.

나는 몇 살을 더 먹고 나서야 데미안과 좀 더 가까이 알고 지내게 되었다. 그는 당시의 관례처럼 동급생들과 함께 견진성사를 받은 적이 없었으며 그에 관한 소문도 무성했다. 그가 유대인이나 이교도라는 말도 있었으며 어떤 남학생들은 그와 그의 어머니 둘 다 무교이거나 아니면 광적이고 평판이 나쁜 교파에 속해 있다고 확신하기도 했다. 이 일에 관해 나는 그가 자신의 어머니와 연인 관계일 수도 있다는 의혹의 말을 들은 적이 있었다. 아마도 그가 특정 종교가 없는 상황에서 길러진 까닭에 사람들은 그의 미래 역시 비도덕적일 거라 예측한 듯했다. 어찌 되었건 데미안의 어머니는 동급생들보다 2년 늦은 시점에서 그의 견진성사를 허락했고, 그리하여 그는 수개월 동안 나와 같은 견진성사 수업에 참여하게 되었던 것이다.

한동안 나는 데미안을 철저히 피해 다녔다. 어떤 식으로든 그와 엮이고 싶지 않았던 것이다. 너무도 많은 소문과 비밀스러운 이야기들이 그에게 따라붙었거니와 무엇보다 크로머 사건 이후 그에게 신세를 졌다는 기분이 들어 불편하기 짝이 없었다. 더군다나 당시엔 나만의 비밀을 다루는 것만으로도 충분히 힘에 부쳤다. 견진성사 수업은 내가 성에 눈떠 입문하려는 중대한 시기와 묘하게 맞아떨어졌기에 의도한 바와 달리 내 관심은 경건함을 다룬 내용에까지 미치기 힘들었다. 특히나 신부님의 말씀은 그 특유의 고요하고 성스러운 분위기를 띤 채 내게서 아주 멀리 떨어져 있는 듯했다. 그 말씀들은 죄다 아주 정교하면서도 정확하며 의심의 여지가 없었지만, 내가 보기엔 다른 세계에서 최고조로 만끽할 수 있는 현실성과 극적인 흥분이 결여된 것만 같았다.

이런 마음가짐으로 인해 종교적 가르침에 무관심해질수록 나는 점점 더 데미안에게 관심이 쏠렸다. 아무래도 우리 둘 사이에는 유대감이 존재하는 듯했고, 이 순간 난 가능한 한 정확히 그 유대의 끈에 대해 알아봐야만 했다. 내가 기억하는 한 그 모든 건 교실에 여전히 불빛이 어른거리던 이른 아침 수업 시간에 시작되었다. 성서를 가르치던 신부님이 카인과 아벨의 이야기를 막 시작한 터였다. 졸음과 싸우고 있던 나는 수업 내용을 한쪽 귀로 흘려듣고 있었다. 그러다 신부님이 갑자기 목소리를 높이시더니 잔뜩 흥분된 어조로 카인의 표시에 대한 이야기를 늘어놓기 시작했다. 그 순간 난 내 안에서 일종의 도전 의식 같은 것이 끓어오르는 걸 느꼈는데 고개를 들어보니 앞쪽 줄에 앉은 데미안이 내 쪽으로 얼굴을 돌리고 있는 게 보였다. 또렷하면서도 감정이 풍부하게 드러난 그의 시선에는 경멸 내지는 엄숙함이 담겨 있는 듯했는데, 둘 중 정확히 어떤 의미에 가까웠는지는 확실하지 않았다. 어쨌든 데미안은 잠깐 나를 바라봤을 뿐인데, 난 갑자기 신부님의 말씀 하나하나를 최대한 집중해서 듣기 시작했다. 신부님은 카인과 그가 지닌 표시에 대한 가르침을 이어갔고, 그걸 듣던 난 사실은 모든 것이 그 가르침과 같진 않으며 그 이야기에 관한 대안적 해석이 가능할 뿐 아니라 그러한 관점에 대한 비판도 정당화될 수 있음을 새삼 깨달았다.

그리고 그 순간 데미안과 나는 새로운 연결점을 구축했다. 이상하게도 우리 사이의 이러한 정신적 교감을 인식하게 되자 마치 마법이라도 일어난 듯 물리적으로도 우리 사이가 가까워지는 걸 확인할 수 있었다. 데미안이 그렇게 계획한 건지 아니면 그저 운명이었는지는 모르겠지만(당시만 해도 운명의 울림이라고 굳게 믿었다), 며칠 후 성서 수업 시간에 그가 갑작스레 자리를 옮기더니 내 바로 앞줄로 와서 앉았다. 마치 노역장처럼 붐비는 교실 한가운데 있던 내가 그의 목덜미에서 풍기던 신선하고 세련된 비누 향을 얼마나 좋아했었는지 지금도 생생하게 떠올릴 수 있다. 그러고 나서 며칠 후 데미안은 또 한 번 자리를 옮겼고 이번에는 다름 아닌 바로 내 옆자리였다. 겨울과 봄이 다 가도록 그는 그 자리를 고수했다.

이젠 아침 수업 시간이 아주 달라졌다. 수업 중에 졸거나 지루해지는 일도 없었고, 오히려 그 시간이 잔뜩 기대되었다. 우린 종종 신부님의 말씀을 아주 집중해서 들었고 그러다 내 옆자리 동무가 나를 한 번 흘끗 쳐다보며 신호를 주면 난 곧장 특별한 이야기나 신기한 격언에 주의를 기울이곤 했다. 그런가 하면 아주 많은 의미를 담은 듯한 그의 또 다른 시선은 내 안의 비판적 의심을 일깨우기에 충분했다.

여하튼 우리는 수시로 부주의한 면모를 보이는 학생들이었고 수업에 집중하지 않을 때도 많았다. 한편 데미안은 선생님들이나 학생들 사이에서 늘 모범적으로 행동했다. 나는 단 한 번도 그가 남학생들의 장난에 가담하는 걸 본 적이 없었을 뿐 아니라 그가 낄낄대며 수다를 떨거나 선생님의 노여움을 샀다는 말도 듣지 못했다. 하지만 데미안은 속삭임을 통하기보다 조용하면서도 점차 더 자주 신호와 눈길을 활용함으로써 나로 하여금 자신이 몰두한 일을 함께하도록 했다. 그러한 수단 중 일부는 실로 기묘할 따름이었다.

가령 그는 반 남학생들 중 그가 관심 있게 지켜본 아이들이 누군지 그리고 자신이 어떤 식으로 그들을 연구 대상으로 삼은 건지에 대해 설명했다. 그는 여러 아이들을 아주 잘 파악하고 있었던 것이다. 이따금 그는 수업이 시작되기 전에 내게 이런 말을 던지곤 했다. "내가 엄지손가락으로 신호를 보내면 아무개가 몸을 돌려 우리 쪽을 볼 거야. 아니면 목을 긁적댄다든지 뭐 그런 행동을 할 거라고." 하지만, 수업이 시작되고 나면 나는 번번이 그런 것들에 대해 죄다 잊어버리기 일쑤였다. 그러면 데미안은 갑자기 내 쪽에서 잘 보이도록 엄지손가락을 묘하게 휙 움직였고 난 그가 가리키는 소년을 재빨리 쳐다봤다. 그럴 때마다 그가 점찍은 소년은 끈에 매달린 꼭두각시마냥 그가 의도한 몸짓을 해 보이는 것이었다. 나는 이 수법을 선생님에게도 시도해보자고 성가시게 졸라댔지만 그는 거절했다. 그런데 한번은 수업이 시작된 다음 '과제'를 마치지 못했다고 데미안에게 알리고는 신부님이 제발 내게 질문을 던지지 말았으면 하고 간절히 바랐다. 그러자 그는 곧장 그 상황에서 나를 구출하기 위한 작전에 돌입했다. 당시 신부님은 교리문답서 한 구절을 암송시킬 학생을 찾으며 두리번거리다가 죄지은 듯한 표정으로 앉아 있던 나를 쳐다보았다. 그러고는 서서히 다가와 손가락으로 내 쪽을 가리키더니 거의 나를 호명할 듯 입술을 달싹였다. 그런데 신부님은 갑자기 산만해진 듯 왠지 모르게 불편해 보이더니 위 옷깃을 만지작거리고는 단호한 표정으로 자신의 시선을 맞받아친 데미안에게로 발걸음을 옮겼다. 그는 데미안에게 뭔가 질문을 던질 것만 같았지만, 잠자코 다시 한 번 돌아서서는 몇 번 목청을 가다듬은 후 다른 학생을 지목하였다.

이런 장난이 마냥 즐겁긴 했지만, 나 역시 종종 그와 비슷한 수법의 희생양이 되고 있음을 점차 깨닫게 되었다. 가령 등굣길에 조금 뒤에서 데미안이 따라오고 있다는 기분이 들어 뒤로 돌아보면 실제로 그를 발견하곤 했던 것이다.

"너 정말 네가 바라는 걸 다른 사람이 생각하도록 만드는 거야?" 나는 대뜸 그에게 물었다.

데미안은 차분하고 실질적이며 어른스러운 그만의 어조로 선뜻 질문에 응했다.

"아니, 그렇지 않아." 그가 입을 열었다. "신부님이 그런 것처럼 말씀하시더라도 우리에겐 자유의지가 없어. 누군가 자신의 의지대로 생각할 수 없다면 나도 그 사람이 내 의지대로 생각하게 만들 수 없지. 하지만 그렇다 해도 누군가에 대해 열심히 생각하면서 그 사람의 생각과 기분을 자주 추측해본다면 그 사람이 어떻게 행동할지 예상할 수 있는 경우가 많아. 아주 간단한 요령이지만 사람들이 미처 모를 뿐이지. 물론 연습은 필요해. 예를 들어 수놈에 비해 암놈의 수가 훨씬 적은 나방이 있지. 다른 모든 동물과 마찬가지로 이 나방들도 수놈이 암놈을 수정시키면 암놈이 알을 낳아. 여러 박물학자가 자주 실험해본 바와 같이 만일 이 나방의 암놈을 잡아두면 수놈들이 암놈을 찾아오지. 한밤중에 그것도 몇 시간을 쉬지 않고 날아서 말이야. 한번 생각해보라고. 수 킬로미터나 떨어져 있어도 수놈들은 그 구역의 유일한 암놈 냄새를 감지해. 우리가 이런 현상을 설명하려 들어도 쉽진 않아. 어쨌건 수놈들은 후각과 같은 감각을 가진 게 분명해. 훌륭한 사냥개가 감지할 수 없는 냄새를 알아차리고 그걸 쫓는 것처럼 말이야. 무슨 말인지 알겠니? 자연은 이처럼 설명할 수 없는 것들로 가득해. 하지만 말이야. 이렇게도 생각해볼 수 있어. 만일 암놈 나방의 수가 수놈만큼이나 많았다면, 수놈은 그토록 예리한 후각을 갖지 못했을 거라고! 그러니까 수놈들은 단지 훈련을 통해 뛰어난 후각을 얻게 된 거야. 동물이나 사람도 온 의지를 끌어모은다면 원하는 바를 달성해낼 거야. 이건 그렇게나 단순한 문제라고. 지금 이 경우도 마찬가지지. 누군가를 아주 자세히 살펴봐. 그러면 넌 머지않아 그 사람보다도 더 그 사람을 잘 알게 될 테니까."

순간 나는 '생각 읽기'라는 말을 언급하고 또 이제는 너무 멀게만 느껴지는 크로머와의 사건을 그에게 상기시키고 싶었지만, 말이 혀끝에서 맴돌 뿐 쉽사리 입 밖으로 나올 줄 몰랐다. 어쨌건 그 주제는 우리 사이에서 금기시된 것으로 데미안과 나는 몇 해 전 그가 내 삶에 진지하게 관여했다는 사실을 아주 슬쩍이라도 암시하는 일이 없었다. 그건 마치 우리는 이전까지 아무런 사이도 아니었으며 상대가 그 일을 잊었을 거라 간주하는 것과 같았다. 서로의 이런 생각을 확인시켜주는 일이 실제로 한두 번쯤 있었다. 그러니까 둘이서 길을 걷다가 프란츠 크로머와 마주쳤지만 우리 중 누구도 눈빛을 교환하거나 크로머에 대해 이야기하지 않았던 것이다.

"그러면 이 '의지'란 건 대체 뭐야?" 나는 질문을 던졌다. "넌 우리가 자유의지를 갖지 못했다고 하면서도 어떤 대상에 확고히 의지를 집중시키면 원하는 바를 달성할 수 있다고 하잖아. 그런 식이라면 말이 들어맞지 않잖아. 내가 나 자신의 의지를 조종할 수 없다면 그 의지를 원하는 대로 여기저기에 집중시킬 수도 없을 것 아냐."

데미안은 내가 마음에 들면 늘 그렇듯 내 등을 찰싹 때렸다.

"아주 좋아. 질문을 한다는 건 좋은 거야!" 그가 웃으며 말을 이었다. "항상 질문을 해야 해. 늘 의심을 품어야 한다고. 하지만 그건 아주 간단한 문제야. 예를 들어 밤중에 암놈을 찾아오는 나방이 자신의 의지를 별처럼 아주 먼 대상에 둔다면 그 나방은 암놈을 찾지 못하고 말 거야. 그런 경우 나방은 아예 암놈을 찾아오려는 시도조차 하지 않겠지. 나방은 자신이 필요로 하며 꼭 가져야 하는 것만 찾아다닐 테니까 말이야. 그러다 보면 기적과 같은 능력도 발휘하는 거지. 나방이 키워온 이 놀라운 육감은 나방 말고 다른 생명체에겐 없어. 사실 다른 동물들에 비해 사람에겐 기회도 관심사도 더 많아. 하지만 우린 꽤나 좁은 범주 안에 갇힌 데다 좀처럼 거길 벗어나려 하지 않지. 난 물론 이것저것을 마음껏 상상해볼 수 있어. 북극에 가보겠다든지 뭐 그런 상상도 할 수 있겠지만, 그런 바람이 내 안에 깊숙이 자리해 나라는 존재 전체로 퍼져나가야지만 의지를 흔들림 없이 집중시킬 수 있을 거야. 그럴 때 네가 필요한 걸 내면에서부터 감지한다면 모든 게 문제없이 돌아가는 거야. 넌 네 의지를 말 잘 듣는 말처럼 조종할 수 있게 되는 거라고. 예를 들어 신부님이 안경을 끼게 만들겠다고 마음먹는다면 그건 한낱 장난에 지나지 않겠지. 하지만 말이야, 지난가을에 내가 앞쪽으로 자리를 옮기겠다고 굳게 마음먹었을 땐 일이 제대로 돌아갔어. 알파벳순에 따라 이름이 내 앞에 오는 아이가 갑자기 등장한 거야. 그전까진 몸이 아팠다고 들었어. 그래서 누군가 자리를 이동해야만 했는데 바로 내가 그렇게 한 거지. 왜냐하면 내 의지는 언제든 기회를 붙들 채비가 되어 있었거든."

"그래, 그랬지." 나 역시 입을 뗐다. "그땐 기분이 좀 남달랐어. 우리가 서로 관심을 갖게 된 그 순간부터 네가 내 쪽으로 점점 다가오는 거야. 그런데, 어떻게 된 거야? 네가 곧바로 내 옆에 와서 앉진 않았잖아? 처음에 넌 내 앞쪽에 앉아 있었잖아, 그렇지? 왜 그랬던 거야?"

"그래, 그랬었지. 사실 처음에 자리를 옮기고 싶어졌을 땐 어느 자리로 가고 싶은 건지 몰랐어. 난 그저 좀 더 뒤로 옮겨가고 싶다고만 생각했지. 너랑 좀 더 가까이 앉고 싶었지만, 그런 바람을 잘 의식하지 못했던 거야. 그러다 네 의지가 내 바람이랑 맞물리게 되면서 크게 도움이 됐지. 네 앞자리에 앉고서야 내 바람이 이제 겨우 반쯤 실현되었고 오로지 네 옆으로 가서 앉는 것이 내 유일한 바람이란 걸 깨달았던 거야."

"그런데 그때 우리 반에 새로 들어온 학생은 없었잖아."

"그래, 없었지. 하지만 당시에 난 그냥 내가 원하는 대로 해버렸어. 더 생각할 것도 없이 네 옆으로 가 앉은 거지. 나랑 자리가 바뀐 아이가 좀 놀라긴 했어. 그리고 신부님도 자리가 바뀌었단 걸 한 번쯤은 알아차리셨지. 하지만 신부님께서 내게 용무가 있으실 때마다 방해 요소가 등장하곤 했어. 물론 그는 내 이름이 데미안이고, 이름의 첫 글자가 'D'니까 'S'가 첫 글자인 아이 바로 뒤에 앉으면 뭔가 잘못됐단 걸 알고 계셨지. 하지만 결국 그런 생각은 미처 신부님의 의식을 파고들지 못했어. 왜냐하면 내 의지는 그 생각과 반대여서 신부님이 문제를 의식하지 못하도록 계속 방해했기 때문이야. 어쨌건 신부님께선 뭔가 이상하다는 걸 감지하고 나를 쳐다보며 해답을 알아내려 하셨지. 하지만 내가 쓴 방법은 아주 간단했어. 신부님께서 그러실 때마다 난 그저 그를 뚫어지게 바라보았어. 그런 방법을 견뎌낼 사람은 거의 없어. 왜냐하면 누구든 불편함을 느끼거든. 만일 네가 누군가로부터 무언가를 원한다면 눈을 똑바로 쳐다봐. 네 예상과 다르게 그 사람이 불편해하지 않는다면 그냥 포기하는 게 좋아. 그 사람에게서 얻어낼 수 있는 건 없을 테니까 말이야. 그래도 그런 경우는 드물긴 해. 알고 보면 사실상 그런 방법이 통하지 않는 사람은 단 한 명뿐이야."

"그럼 그게 누구야?" 난 그가 말을 마치자 재빨리 물었다.

그는 생각에 잠길 때마다 그랬던 것처럼 눈을 가늘게 뜨고 나를 쳐다봤다. 그러고는 시선을 돌리더니 내 물음에 대답하지 않고 넘어갔다. 난 무척이나 궁금했지만, 다시 질문을 던질 순 없었다.

하지만 내 생각에 당시 그는 자신의 어머니를 염두에 두고 말했던 것 같다. 그는 어머니와 아주 친밀해 보였으니까 말이다. 어쨌건 데미안은 어머니를 언급한 적이 없는 데다 자기 집에 나를 데려가지도 않았다. 자연히 난 그의 어머니가 어떻게 생겼는지조차 알지 못했다.

난 몇 번이고 데미안처럼 집중력을 발휘해 내 의지를 무언가에 두려 해봤고 그걸 얻어낼 거라 확신했다. 적어도 내겐 충분히 다급한 바람들이었다. 하지만 결국 아무 일도 벌어지지 않았기에 별다른 효과도 없었다. 난 그 문제를 데미안에게 이야기할 수 없었다. 내 바람들을 그에게 털어놓을 수 없었던 것이다. 물론 그 역시 굳이 그런 문제를 내게 물어보지 않았다.

그러는 동안 내 종교적 믿음에 조금씩 금이 가기 시작했다. 그렇다 하더라도 데미안의 영향을 크게 받은 내 사고방식은 철저한 불신앙을 과시하고 다니던 동급생들과는 아주 달랐다. 우리 반 아이들 가운데도 그런 남학생들이 몇 있었다. 가령 그들은 하느님을 믿는다는 건 우스운 데다 아무런 가치도 없으며, 삼위일체설과 동정녀 탄생과 같은 이야기들은 불합리하기 짝이 없기 때문에 오늘날까지 그따위 이야기가 떠돈다는 건 수치스럽다고 했다. 하지만 난 그런 관점에 동의하지 않았다. 이따금 의구심이 들 때조차 난 부모님께서 고수해온 경건한 삶이 어떤 건지 어린 시절의 경험을 통해 충분히 잘 알고 있었을 뿐 아니라 그러한 삶이 가치 없거나 위선적이지 않다는 사실도 모르지 않았다. 게다가 난 지극히 종교적인 것 앞에서는 여전히 깊은 경외심을 느꼈다. 하지만 데미안은 내가 종교적 이야기와 교리들을 덜 편협하면서 나만의 방식으로 창의성을 발휘해 생각하고 해석하도록 이끌었다. 난 어쨌건 그가 들이민 해석들을 기꺼이 받아들였다. 물론 카인의 이야기처럼 그중 많은 부분은 내가 수용하기에 벅차기도 했다. 한번은 견진성사 수업이 진행되던 중 데미안이 이전에 비해 훨씬 더 놀라운 생각을 드러내 깜짝 놀란 적이 있었다. 당시 선생님은 골고다Golgotha에 대해 설명하던 중이었다. 구세주의 수난과 죽음에 관한 내용은 어릴 적부터 내게 깊은 인상을 남긴 바 있었다. 어린 시절엔 성금요일이 다가오면 아버지는 예수의 수난에 관한 이야기를 읽어주었고, 그럴 때면 난 깊이 감동한 나머지 이 슬프고도 아름다우며 동시에 창백하고 기이하며 무시무시한 겟세마네와 골고다 언덕에 머물렀던 것이다. 또 바흐의 〈마태수난곡〉을 감상할 때면 그 숨겨진 세계의 고통으로부터 오는 애절하고도 빛나는 힘이 내게 신비로운 전율을 선사하는 듯했다. 오늘날까지도 난 이 곡과 더불어 〈죽음의 칸타타Actus tragicus(바흐의 칸타타 106번-옮긴이)〉를 통해 모든 시와 예술적 표현의 전형을 발견하곤 한다.

수업이 끝나갈 무렵 데미안은 다소 생각에 잠긴 듯한 어조로 이렇게 말했다. "있잖아 싱클레어, 이 이야기에서 마음에 안 드는 부분이 있어. 이야기를 잘 읽어보고 너 스스로 한번 확인해봐. 뭔가 시시하고 김빠지는 부분이 있을 테니까. 바로 그 두 명의 죄인 이야기가 그래. 일단 세 개의 십자가를 언덕 위에 나란히 세웠다는 건 정말이지 대단해! 그런데 진실한 죄인에 관한 이 감상적인 이야기는 왜 등장한 거냔 말이야! 그는 범죄자로 살면서 온갖 나쁜 짓을 저지르고 다녔지. 그래 놓고선 이제 와 후회하면서 눈물 없인 볼 수 없는 슬픈 회개의 장면을 연출하고 있는 거라고! 무덤에서 고작 두 발자국쯤 떨어져 있는 마당에 뉘우치고 회개한들 그게 다 무슨 소용이야? 그건 정말이지 신앙적 관점에서 본 교훈적 이야기에 불과하다고. 달콤하지만 납득하기 어려운 데다 감상으로 기름칠을 한 교화적인 이야기지. 만약에 두 죄인 중에서 친구로 삼을 이를 택하라거나 둘 중 어느 쪽을 더 신뢰할 수 있겠냐고 한다면 분명 훌쩍여

대며 회개하는 자는 아닐 거야. 그래, 다른 쪽이 더 남자답고 현실적인 인물이지. 그는 자신의 입장에선 듣기 좋은 말에 불과한 개종 따윈 경멸한단 말이야. 그러고는 끝까지 자신만의 길을 걷지. 게다가 마지막 순간에도 자기 옆을 지켰던 악마를 내치지 않아. 그는 개성이 뚜렷한 인물이고 성서에는 개성 강한 인물이 좀처럼 등장하지 않거든. 아마도 그는 카인의 후예가 아닐까? 그런 것 같지 않니?"

나는 그만 말문이 막히고 말았다. '십자가에 못 박힘'에 관한 이야기만큼은 아주 잘 알고 있다고 생각했건만 이제 와서 보니 나는 나만의 상상력을 제대로 발휘하지 못한 채 그 이야기를 듣고 읽어왔음을 알게 된 것이다. 어쨌거나 데미안이 제시한 새로운 개념은 내겐 치명적 울림이었으며 내가 매달려야 할 굳건한 믿음을 뒤집어엎을 듯 위협적이었다. 아니, 그럴 순 없었다. 누가 됐든 그런 식으로 성역을 위협하면서까지 모든 걸 한순간에 뒤엎어버릴 순 없는 노릇이었다. 늘 그렇듯 데미안은 내가 반대 의견을 품고 있다는 걸 단번에 알아차렸다. 하지만 내가 뭐라고 응수하기도 전에 단념한 듯 그가 먼저 치고 들어왔다. "알아, 안다고. 그건 오래전 이야기지. 너무 심각하게 받아들이진 마! 그래도 네게 말해두고 싶은 게 있어. 우린 지금 이 종교의 취약점을 인식할 수 있는 지점에 있어. 그러니까 내 말은 구약과 신약에 등장하는 이 하느님은 더없이 훌륭한 존재지만, 마땅히 드러내야 할 모습은 아니란 거지. 그분은 선하고 고귀하며 자애롭고 아름다운 데다 지존하며 다정다감하시지. 다 좋다 이거야! 하지만, 세상엔 흔히 악마의 탓으로만 돌리고 마는 다른 성격의 것들도 존재하지. 이러한 세상의 다른 절반은 은폐되고 절대 언급되지 않아. 이건 마치 모든 생명체의 아버지로서 하느님을 찬양

하면서도 생명의 근원이 되는 성생활 전반은 침묵에 부치고 죄악이나 악마의 짓으로 묘사하는 것과 같단다. 난 여호와 하느님을 떠받드는 사람들에게 전혀 이의가 없어. 그런 것과는 거리가 멀지. 하지만 난 우리가 모든 걸 신성시하고 고결하게 여겨야 한다고 봐. 이 세상 전부를 말이야. 단지 인위적으로 분리되어 공인된 절반만 숭배할 게 아니라! 따라서 하느님께 드리는 미사 말고도 악마에게 올리는 미사도 있어야 한다고 생각해. 내가 보기엔 그렇게 하는 게 맞고 적절해. 아니면 악마까지 포용하는 신을 창조해 내서 가장 자연스러운 행위를 하더라도 수치심에 눈을 내리깔지 않아도 되게 하던지 말이야."

데미안은 평소와 달리 가히 폭력적이라 할 정도로 격앙된 면모를 보였지만, 오래지 않아 다시 미소를 지었기 때문에 더 이상 염려스럽진 않았다.

하지만, 그가 한 말들은 사춘기의 내 가슴에 내리꽂혔다. 공인된 신적인 것과 은폐된 악의 세계에 관해 데미안이 언급한 내용은 내 생각과도 잘 들어맞았다. 그러니까 그것은 나 스스로 만들어낸 믿음뿐 아니라 두 세계 혹은 세계의 양쪽 절반, 즉 밝은 세계와 어두운 세계에 대한 나의 개념과 일치했다는 말이다. 나만의 문제인 줄 알았던 것이 모든 인류와 삶, 그리고 철학의 문제라는 깨달음이 성스러운 그림자처럼 갑자기 나를 휩쓸고 지나갔다. 내 개인적인 삶이 위대한 사상의 끝없는 흐름에 섞여 있음을 알게 되자 두려움과 경외심이 엄습했다. 여하튼 이러한 깨달음으로 인해 어느 정도의 만족과 확증을 얻을 수 있었지만, 그다지 기쁘진 않았다. 그도 그럴 것이 그러한 깨달음 안에는 책임과 자립, 그러니까 유아적 발상을 넘어선 감정이 포함되어 있었기 때문이다. 즉, 그것은 홀로서기를 의미했다.

난생처음 이처럼 심오한 비밀을 알아차린 나는 어린 시절부터 품어 온 '두 세계'에 대한 생각을 내 친구에게 이야기했다.

그는 내가 전적으로 그의 말에 공감하며 자신의 옳음을 인정한 단 사실을 즉각 알아차렸다. 하지만 이러한 정보를 이용한다면 그건 데미안의 방식이 아니었다. 그는 그 어느 때보다 내 말을 경청하며 마침내 내가 눈을 돌릴 때까지 나를 똑바로 쳐다보았다. 나를 응시하는 그 눈길에서 난 묘한 표정, 그러니까 나이를 먹어가는 세월의 흐름과는 상관없는 동물적 영원성을 다시 한번 포착할 수 있었다.

"다음에 좀 더 얘기를 나눠보자." 그가 너그럽게 말했다. "네겐 미처 표현하지 못한 생각들이 많은 것 같구나. 그렇다면 지금까지 네가 생각해온 삶을 살지 못했다는 것도 알고 있겠네. 그건 좋지 못한데 말이야. 우리가 진정으로 살며 품는 생각들만이 가치가 있지. 이제 넌 네게 '허락된 세계'가 이 세상의 절반에 해당할 뿐이며 나머지 절반은 신부님과 선생님처럼 억눌러왔다는 걸 알게 되었을 거야. 하지만 그게 그렇게 마음대로 되진 않을 거라고! 더구나 생각하기 시작한 자에겐 더욱 그렇지."

그의 말은 내게 지대한 감동으로 다가왔다.

"하지만" 나는 거의 소리치듯 말했다. "정말로 더럽고 금지된 것들도 있다고. 너도 그 사실은 부인하지 못할 거야! 우린 그렇게 금지된 것들을 포기해야만 해. 살인을 비롯한 온갖 범죄가 난무한단 말이야. 그래도 단지 그런 것들이 존재하기 때문에 내가 거기로 뛰어

들어 범죄자가 되어야 할까?"

"일단 오늘은 여기까지 하자." 데미안이 달래듯 말했다. "넌 분명 살인이나 강간을 저지르지 않을 테고 소녀들을 죽이는 일도 없겠지. 그렇다 하더라도 넌 아직 '허락됨'과 '금지됨'의 진정한 의미를 제대로 이해하는 단계까지 이르진 못했어. 넌 이제 막 그 진실의 일부에만 눈을 떴을 뿐이지. 그 나머지에 대해선 차차 알게 될 거야. 반드시 그럴 거라고. 어쨌든 넌 거의 일 년 동안 네 안에 이 충동을 품어왔어. 무엇보다 강력한 데다 '금지된' 것으로 간주되는 충동을 말이야. 그런데 그리스인들을 비롯한 다른 여러 민족은 이러한 충동을 신성시하면서 최대의 종교 축제를 통해 숭배하지. 사실 '금지'라는 건 영원하지 않아. 언제든 바뀔 수 있다고. 요즘도 신부님 앞에서 결혼식을 올리고 나면 여자와 잠자리도 할 수 있잖아. 그런데 오늘날까지도 민족에 따라선 풍습이 달라. 그러니까 우리는 각자 스스로 허락된 것과 금지된 것들을 찾아내야 해. '금지된' 행위를 하지 않고서도 충분히 악당이 될 수 있고, 또 그 반대의 경우도 가능하지. 알고 보면 근본적으로 그건 안주하느냐 마느냐의 문제야. 현실에 안주하는 성격이어서 스스로 생각하거나 판단하지 않는 사람이라면 당장 주어진 법에 따르고 말 거야. 그런 사람들에게 그게 가장 쉬운 방법이거든. 그런가 하면 또 다른 이들은 율법을 의식하지. 이들에겐 모든 이들이 매일같이 행하는 행동이 죄다 금지된 것들이고, 다른 데서 금지된 것들이 허락된 것으로 받아들여지지. 그러니 누구든 스스로 알아서 홀로 서야 하는 법이라고."

불현듯 데미안은 말을 많이 한 걸 후회하는 듯하더니 잠잠해졌다. 그런 그의 반응이 무엇을 의미하는지 그때 난 이미 직감적으로 알아차렸다. 비록 그가 쾌활하고 아무렇지도 않게 자신의 생각을 드러내는 습관이 있다 하더라도 언젠가 내게도 밝혔듯이 그는 그저 '대화 자체를 위한 말하기'를 못 견디게 싫어했다. 그는 물론 내가 진심으로 관심을 보인다는 건 알았겠지만, 내가 이 기발한 대화를 일종의 게임처럼 즐기며 진지하게 받아들이지 않는다고 여겼던 것이다.

방금 써넣은 '진지하게'라는 단어를 보고 있자니 문득 또 다른 장면 하나가 떠오른다. 그건 내가 아직 어린아이의 티를 벗지 못했던 시절 막스 데미안과 겪은 일들 중 가장 인상 깊은 사건이었다.

견진성사의 날이 가까워졌고 신부님은 마지막 수업 시간들을 '최후의 만찬'에 관한 내용으로 채워 넣었다. 신부님 입장에서는 매우 중요한 문제였던 만큼 그는 최선을 다해 설명을 이어갔다. 자연히 당시 수업이 진행되던 중에는 성스러운 분위기 같은 것이 교실을 가득 채웠다. 하지만 견진성사에 대비하는 이 마지막 교육 기간 내내 내 생각은 다른 곳, 그러니까 내 친구라는 사람에 매여 있었다. 나는 우리를 교회 공동체로 엄숙히 받아들이는 절차인 견진성사를 기대하긴 했지만, 내 안에서는 또 다른 생각이 불쑥 떠올랐던 것이다. 그러니까 나는 지난 반년간 받은 종교 수업의 의미를 내가 배운 내용에 두지 않고 대신 데미안과 가까워지는 것과 그에게 받은 영향에 두고 있었다. 자연히 내가 받아들일 채비가 된 건 교회가 아니라 본질이 완전히 다른 사고와 성격을 품은 교단이었다. 게다가 이 지구상 어딘가에 그러한 교단이 존재할 뿐 아니라 그 대표자 내지는 사도가 바로 내 친구 데미안인 것만 같았다.

나는 이러한 생각을 억누르려 무던히도 애썼다. 또 견진성사라는 엄숙한 의식을 어느 정도 품위 있게 치르길 열망했지만, 어찌 된 일인지 이 모든 것이 내게 떠오른 새로운 생각과는 맞지 않는 것 같았다. 어쨌건 난 주어진 일을 해나갈 것이며 생각은 여전히 내게 머물렀으나 그런 생각은 다가오는 교회 의식에 관한 생각과 점차 결부되어 갔다. 나는 다른 아이들과 달리 그 의식을 이해하고 받아들일 채비가 되어 있었다. 왜냐하면 나로선 그것이 데미안을 통해 알게 된 사상의 세계로 수용됨을 의미했기 때문이다.

그 무렵 나는 다시 한번 그와 격렬한 논쟁을 벌였다. 그건 수업이 시작되기 바로 직전의 일이었다. 본래 말이 없는 편인 데미안은 거만하고 어른 흉내를 내는 듯한 내 이야기에 아무런 흥미를 느끼지 못했다.

"우린 말을 너무 많이 하는 것 같다." 데미안이 평소와 달리 진지한 어조로 입을 열었다. "기발하기만 한 이야기는 아무리 봐도 가치가 없어. 그런 이야길 계속하다 보면 사람들은 점점 자기 자신에게서 멀어질 따름이지. 그건 죄악이야. 누구든 거북이처럼 자기 안으로 기어들어 갈 수 있어야 하는 법이라고."

그러고 나서 우리는 곧장 교실로 들어갔다. 수업이 시작되자 난 주의를 기울이려 애썼고 데미안은 그런 나를 방해하려 들지 않았다. 얼마 후 데미안이 앉아 있던 내 옆자리에서 묘한 느낌이 들기 시작했다. 그건 냉랭하다거나 혹은 공허한 기분으로 마치 예기치 않게 그 자리가 비어버린 것 같은 느낌이었다. 그리고 그런 느낌은 어느덧 내 숨통을 조여오는 것처럼 극심해져 급기야 나는 옆을 돌아볼 수밖에 없었다. 내 친구는 늘 그렇듯 어깨를 편 채 자세를 꼿꼿이 하고 거기 앉아 있었다. 그런데 그는 왠지 달라 보였고 내가 알지 못하는 기운이 그를 에워싸고 있었다. 또 처음엔 그가 눈을 감고 있다고 생각했지만, 사실상 그는 두 눈을 뜬 상태였으며 그 눈엔 초점이 없었다. 비록 눈은 뜨고 있었지만, 그는 아무것도 보고 있지 않았던 것이다. 그의 시선은 그저 멍하니 내면을 향해 있었거나 아주 먼 곳을 빤히 응시하는 듯했다. 데미안은 그렇게 미동도 없이 그 자리에 앉아 있었다. 어떻게 보면 숨조차 쉬지 않는 것처럼 보여서 마치 그의 입술이 나무나 돌로 조각된 것 같기도 했다. 데미안의 얼굴은 돌처럼 균일하게 창백해서 그나마 갈색 머리카락이 그의 신체 중 가장 생기 있어 보였다. 그의 손 역시 돌이나 과일처럼 어떤 물체라도 된 양 생동감 없이 가만히 책상 위에 놓여 있었다. 또 창백하고 움직임이 없다 해도 힘없이 늘어져 있는 건 아니었다. 그건 마치 싱싱하고 단단한 콩꼬투리처럼 강인하지만 숨어 있는 생명을 감싸고 있는 듯했다.

그 순간 전율이 내 몸을 훑고 지나갔다. '그는 죽고 말았어'라고 생각하다가 하마터면 그런 생각을 실제로 소리 내어 내뱉을 뻔했다. 하지만 그런 일이 벌어지지 않았다는 걸 난 알고 있었다. 나는 넋을 잃은 채 그 창백하고 돌 같은 얼굴에 시선을 고정시켰다. 그러고는 이거야말로 진정한 데미안이라는 느낌이 들었다. 그러니까 이전에 나와 돌아다니며 수다를 떨던 모습은 데미안의 절반에 해당하는 모습일 뿐이었던 것이다. 나를 돕기 위해 어쩔 수 없이 잠시 제 몫의 역할을 수행하고 그 역할에 자신을 적응시키며 게임에 참여한 사람으로서 말이다. 하지만 진정한 데미안의 모습은 이랬다. 즉, 돌처럼 아주 오래전부터 존재해온 것만 같아 돌을 연상시키는 동시에 아름다운 용모를 지녔으며, 냉랭한 죽음을 닮기도 했지만 놀랍도록 비밀스러운 생명력을 지녔던 것이다. 문득 고요한 공허의 기운이 그의 주변에 머무르는 게 보였다. 창공과 천상의 공간과 이 외로운 죽음을 앞에 두고서!

이제 그는 철저히 자기 안으로 후퇴해버렸음을 나는 전율과 함께 깨달았다. 그때처럼 외로웠던 적은 없었다. 나는 그에게 전혀 관여할 수 없었던 것이다. 당시 그는 세상에서 가장 멀리 떨어진 외딴 섬보다도 더 먼 곳에 있어서 도무지 가닿을 수 없었다.

그런 그의 모습을 알아차린 사람이 나뿐이란 사실은 선뜻 이해할 수 없었다. 내 생각엔 반 아이들이 전부 그의 모습을 보고 똑같이 전율을 느껴야 할 것만 같았다. 그런데 아무도 그에게 관심을 쏟지 않았던 것이다. 그는 그렇게 그곳에 새겨진 그림 마냥, 그리고 하나의 우상처럼 미동 없이 앉아 있었다. 파리 한 마리가 그의 이마에 앉더니 코를 지나 입술까지 기어 내려갔지만 데미안이 단 한 번의 찌푸림도 보이지 않았던 장면은 잊히지 않은 채 기억 속에 남아 있다.

그는 어디로 기어들어 가 있는 것일까? 무엇을 생각하고 또 무엇을 느끼고 있을까? 그가 있는 곳은 천국일까 지옥일까? 묻지도 못할 질문들이었다. 수업 말미에 그가 다시금 숨을 내쉬어 살아 있다는 걸 알아차린 후 그와 시선이 마주쳤을 때 그는 이전과 다를 바 없어 보였다. 그는 대체 어디에 있다 돌아온 것일까? 어쨌든 데미안은 다소 피곤해 보였다. 혈색도 돌아오고 그의 손 역시 다시 움직였지만, 그의 갈색 머리칼만큼은 어쩐지 윤기와 생기를 잃은 듯 보였다.

그러고 나서 며칠 동안 나는 침실에서 새로운 연습에 몰입했다.

우선 의자에 꼿꼿이 앉아 허공을 직시하며 손끝 하나 움직이지 않고서 내가 그 상태로 얼마나 버틸 수 있는지 그리고 어떤 일이 벌어지는지 자세히 살피는 거였다. 하지만 결국 피로감만 밀려든 데다 눈꺼풀마저 껄끄러워졌다.

이후 곧바로 견진성사 의식이 뒤따랐지만 중요하다고 여겨지는 기억은 하나도 없다.

이제 모든 게 변해버렸다. 어린 시절이 허물어진 것이다. 부모님께선 적잖이 당황하셨고 누나들과도 소원해졌다. 평소 느끼던 감정과 기쁨은 환멸감으로 인해 손상되고 무뎌졌다. 정원은 그 향기를 잃었고 숲에서는 더 이상 마법이 일어나지 않았다. 주변 세싱은 마치 쓸모없는 물건들을 처리하는 재고 정리 세일처럼 재미도 매력도 없이 돌아갔다. 내게 책들은 종이 무더기요 음악은 소음에 지나지 않았다. 따지고 보면 가을에 낙엽들도 그런 식으로 떨어지는 법이다. 미처 알아차리지 못하는 사이 빗물과 햇빛 혹은 서리가 나무에 내려앉고 생명은 서서히 몸을 숨긴다. 죽는 게 아니라 때를 기다리는 것이다.

방학이 끝나면 학교를 옮기고 난생처음 집을 떠나기로 되어 있었다. 어머니는 때때로 아주 다정하게 대하며 미리 이별을 받아들이려 애쓰는 듯했다. 또 그렇게 함으로써 내게 사랑과 향수 어린 추억의 감정을 북돋워주려 했다. 데미안은 멀리 떠나고 없었다. 나는 그야말로 혼자가 되었다.

4

베아트리체

방학이 끝나고 나는 내 친구와 재회하지 못한 채 성聖 ○○시로 향했다. 부모님께서도 동행하셨는데, 그분들은 내가 잘 지낼 수 있도록 어느 중등학교 교사가 운영하는 기숙사에 나를 맡기신 터였다. 만일 부모님께서 당신들이 나를 어떤 세계로 인도하셨는지 알게 된다면 아마도 그 자리에서 얼어붙고 말았을 것이다.

문제는 늘 그거였다. 그러니까 내가 하느님을 경외하는 아들이자 쓸모 있는 시민으로 성장할 것인지 아니면 나만의 기질이 정도를 벗어난 길로 인도할지가 의문이었던 것이다. 나는 꽤 오랫동안 아버지의 집과 그곳이 제공하는 분위기라는 그늘 아래서 행복을 찾으려는 시도를 마지막으로 해보았다. 이따금 나의 노력이 거의 성공하기도 했지만, 결국엔 철저히 실패를 맛보고 말았다.

견진성사 이후 방학 중에 느끼기 시작한 설명할 수 없는 공허함과 버려진 기분은 좀처럼 내 곁을 떠날 줄 몰랐다. 물론 나중엔 그 희미하고 쓸쓸한 공기에 너무도 익숙해졌지만 말이다. 사실 집을 떠난다는 건 내게 큰 시련으로 다가오지 않았고, 오히려 향수鄕愁

가 느껴지지 않아 수치스러웠다. 또 누나들은 이렇다 할 이유도 없이 울어댔지만, 난 울지 못했다. 나 역시 그런 내 모습이 놀라울 따름이었다. 그도 그럴 것이 나는 늘 감성적인 데다 본래 착한 아이였기 때문이다. 그런 내가 이젠 완전히 바뀌어버렸다. 나는 바깥 세계에 대해 무심한 태도로 일관하며 여러 날 동안 내면의 목소리와 더불어 내 안 깊은 곳에서 흐르는 어둡고 금지된 물줄기에 몰두했다. 게다가 지난 반년간 나는 급속히 성장해서 호리호리하고 삐죽이 큰 데다 방심한 상태로 세상을 응시했다. 사내아이다운 매력은 자취를 감춰버려 누구도 나를 사랑할 수 없을 것 같은 기분에 사로잡혔을 뿐 아니라 나 역시 나 자신을 사랑하지 않았다. 종종 데미안이 못 견디게 그립기도 했지만, 그만큼 그를 미워하기도 했으며 역겨운 병처럼 내게 붙어 다니던 피폐한 삶에 대한 책임을 그에게 전가할 때도 있었다.

처음에 나는 기숙사에서 환영받지도 존중받지도 못하는 존재였다. 놀림을 당하기 시작하다가 아이들이 나를 피하더니 나중엔 위선적이고 무례한 놈으로 치부되었다. 나는 그런 역할에 푹 빠져 과장되게 행동하거나 불평을 해대며 내향적으로 변해 남들이 보기엔 남자라서 냉소적이라고 할만했다. 하지만 사실상 나는 수시로 심한 우울감과 절망감에 시달리곤 했다. 그런가 하면 학교에선 집에 머물던 당시 익힌 단편적 지식을 활용해 가며 지냈다. 그러니까 내가 배정된 반은 집에서 등교하던 시절의 학급에 비해 다소 수준이 낮은 편이어서 나는 동급생들을 어린아이 취급하며 깔보곤 했던 것이다.

이런 식의 생활이 일 년 이상 계속되었으며 집에서 보낸 첫 방학 역시 아무런 감흥을 불러일으키지 못했다. 나는 다시 학교로 복귀할 수 있음에 꽤나 안도했다.

어느덧 11월로 접어들고 있었다. 전형적인 11월의 날씨에도 불구하고 나는 생각에 잠겨 걷는 버릇이 생겼고, 그러한 산책을 통해 느끼는 희열에는 종종 우울과 냉소, 그리고 자기 비하가 섞여 있었다. 축축하고 안개로 가득했던 어느 날 저녁 무렵 나는 마을 주변을 걷고 있었다. 그러다 만난 공원의 널찍한 길에는 사람 하나 보이지 않았고, 마치 그 길이 어서 들어와보라고 내게 손짓하는 듯했다. 마침 길에는 낙엽이 수북이 내려앉아 있었고 우울함과 재미를 동시에 느낀 나는 거기다 발을 들이밀고 마구 휘저어보았다. 그러자 곧바로 축축하고 매캐한 냄새가 올라왔다. 멀리 어렴풋이 보이는 거대한 나무들은 부연 안개 때문에 잘 보이지 않아 유령 같기도 했다.

길 끝에 다다른 나는 우유부단하게 그렇게 선 채로 짙은 낙엽 속을 뚫어져라 들여다봤다. 거기서 풍긴 죽음과 부패의 눅눅한 냄새는 내 안에 인 그 어떤 울림에 답하는 듯했다. 삶이란 얼마나 무미건조하던가 말이다.

불현듯 한 남자가 외투 깃을 휘날리며 옆길에서 나타나더니 진입로로 접어들었다. 계속 걸음을 옮기려던 참이었지만, 그가 나를 불러 세웠다. "안녕, 싱클레어."

내게 다가온 사람은 바로 기숙사에서 가장 나이 많은 소년인 알폰스 벡이었다. 나는 그와 마주칠 때마다 반가운 기분이 들었고 그에게 어떤 반감도 없었다. 단지 그가 늘 저학년생들에게 빈정대는 투로 대하고 아저씨처럼 구는 것만 빼면 말이다. 그는 엄청나게 힘이 센 데다 교장까지 쥐고 흔든다는 소문이 자자해서 남학생들 사이에 도는 전설적 이야기의 주인공 같은 인물이었다.

"여기서 뭐 하냐?" 그는 고학년생이 저학년에게 거들먹거릴 때 써먹는 어조로 붙임성 있게 말을 건넸다. "너 시를 짓고 있었구나?"

"아니, 전혀 그렇지 않은데." 나는 퉁명스럽게 말을 끊었다.

그는 웃으며 가까이 다가오더니 내겐 더 이상 익숙하지 않은 어투로 수다스럽게 이야기를 늘어놓았다.

"내가 이해하지 못한다고 유감스러워할 필요 없어, 싱클레어. 저녁때 안개를 헤치고 걷다 보면 가을을 맞아 상념이 떠오르고 자연히 시 한 편 정도는 지어보고 싶어질 거야. 나도 다 안다고. 죽어가는 자연과 네 *청우*처럼 잃어버린 어린 시절이 절로 떠오르겠지. 하인리히 하이네만 보더라도 그렇지."

"난 그 정도로 감상적이진 않다고." 내가 이의를 제기했다.

"너무 기분 나빠할 것 없어! 하지만, 날씨가 이러니까 말이지. 와인이나 마실 수 있는 장소를 찾아보는 게 어떨까 싶은데? 너도 같이 갈래? 나도 혼자니까 말이야. 안 갈 거야? 어쨌건 널 나쁜 길로 꼬드기고 싶진 않아. 너도 문제아로 찍히고 싶진 않을 테니까!"

잠시 후 우리는 교외의 작은 술집에 앉아 뭔가 미심쩍은 와인을 홀짝이며 잔을 부딪치고 있었다. 처음엔 선뜻 내키지 않았지만 어쨌든 그건 새로운 경험이었다. 하지만 곧 와인에 익숙하지 않았던 나는 말수가 많아지기 시작했다. 마치 내 안의 창이 깨져 세상이 비집고 들어오기라도 한 것처럼 말이다. 따지고 보면 나의 내적 자아에 대해 누군가에게 털어놓은 것도 지독히 오래전 일이었다. 나는 공상에 젖어 이야기를 늘어놓기 시작했고 그러던 중에 카인과 아벨의 일화까지 전부 내뱉었다.

벡은 꽤나 열심히 내 이야기를 들어줬다. 드디어 뭔가 털어놓을 수 있는 사람을 만난 것이다! 그는 내 등을 찰싹 때리며 나를 교활한 악당이라고 불렀다. 갇혀 있던 말과 소통에 대한 열망을 쏟아내고 나보다 나이가 많은 학생에게 인정받을 수 있는 기회와 마주한 내 마음은 희열로 가득 차 부풀어 올랐다. 벡이 내게 교활한 악당이라고 했을 때 그 말이 마치 달콤하면서도 쓴 와인처럼 내 영혼에 스며들었다. 세상은 다채롭게 빛났고 넘치는 샘물처럼 수많은 생각이 분출했다. 그야말로 열정의 불꽃이 내 안에서 타올랐던 것이다. 우리는 학교 선생님들과 친구들에 대해 이야기를 나눴고 서로 아주 잘 통하는 듯했다. 우리는 또 그리스인들과 이교도에 관해서도 이야기했는데 벡은 내가 연애사를 털어놓도록 하고 싶어 안달이었다. 하지만 난 그 방면으론 문외한으로 경험이 전혀 없었다. 털어놓고 말고 할 것도 없었던 것이다. 게다가 마음속에서는 의지가 불타올랐지만, 와인을 마셨다고 해서 내가 느끼고 창조하고 상상했던 것들을 쏟아내거나 알릴 수는 없었다. 여자아이들에 관해서는 벡이 훨씬 더 많이 알고 있어서 나는 그가 들려주는 이야기를 신나게 들었다. 내가 들은 이야기들은 실로 놀라웠다. 불가능하다고 생각한 것들이 일상적 현실과 접목되어 아주 자연스럽게 간주되었다. 알폰스 벡은 열여덟 살도 채 되지 않은 나이에 벌써 여성 경험이 많은 듯했다. 가령 여자아이들은 추파와 관심을 받으려 안달이며, 이런 특성을 충분히 이해하긴 하지만 정작 그렇게 함으로써 얻는 건 없다고 했다. 그리고 가능성은 성숙한 여성들 쪽이 더 큰 데다 그들이 훨씬 더 합리적이라는 거였다. 문구점을 운영하는 야겔트 부인만 해도 이야기가 통하는 편으로 계산대 뒤쪽에서 벌어지는 온갖 일들로 말하자면 책으로도 다 못 펴낼 지경이라고 했다.

그의 이야기에 사로잡힌 나는 얼이 빠져 그 자리에 못 박힌 듯 앉아 있었다. 당연히 나라면 야겔트 부인과 사랑에 빠지는 일은 없겠지만, 그렇다 하더라도 그건 굉장한 이야기였다. 모르긴 해도 상급생들에겐 감춰진 즐거움의 원천이 있는 듯했고, 분명 그런 것이 있을 거라고 나는 믿어 의심치 않았다. 한편 그런 그의 이야기에는 왠지 그릇된 울림도 있는 것 같았는데, 그도 그럴 것이 그의 이야기 속 사랑은 사랑이 지향해야 할 모습보다 훨씬 평범하고 하찮은 듯했기 때문이다. 하지만 어쨌거나 그것이 바로 삶이자 모험이었다. 그리고 난 실제로 그걸 경험한 사람 바로 옆에 앉아 있었다. 그에게는 그 모든 것이 그저 자연스러운 일 같았다.

우리의 대화는 이제 막 정점을 찍고 내려오는 중이었고 마법 같은 순간도 지나가버린 듯했다. 나 역시 '영리한 어린 친구'에서 선배의 말에 귀 기울이는 어린 소년으로 한순간 전락해버리고 말았다. 하지만 지난 몇 달간 내 삶의 모습과 달리 그와의 이러한 시간은 소중하고 근사한 경험이 아닐 수 없었다. 게다가 그건 그야말로 금단의 열매라는 걸 나는 서서히 깨닫기 시작했다. 우리가 거기 술집에 그렇게 앉아 있다는 사실에서부터 둘이서 나눈 이야기의 화젯거리까지 전부가 지극히 금지된 것들이었던 것이다. 어찌 되었건 그와의 대화에는 기발함과 반항의 기운이 서려 있었다.

나는 그날 밤을 아주 똑똑히 기억한다. 가스등의 파리한 불빛을 받으며 기숙사를 향해 발걸음을 재촉하기 시작했을 땐 이미 늦은 밤이었고 난 난생처음 술에 취해 있었다. 물론 유쾌하기는커녕 아주 고통스러웠지만, 그런 상태 그 자체로 신이 나고 재미있기도 했다. 그러니까 결국엔 반항과 방탕, 그리고 삶과 영혼이 공존하는 상태였던 것이다. 벡은 '머리에 피도 안 마른 초짜'라고 악담을 퍼부어대면서도 대담한 태도로 나를 돌봐주었다. 끌고 짊어지기를 반복하며 나를 기숙사까지 데려온 그는 복도에 난 창을 통해 나를 먼저 밀어 넣은 다음 자신도 기어들어 왔다.

취한 채로 아주 잠깐 잠이 들었다. 고통을 느끼며 깨어났을 땐 말할 수 없는 우울감이 밀려들었다. 입고 다니던 셔츠를 그대로 걸치고 있었던 나는 침대에서 몸을 일으켜 앉았다. 옷과 신발은 바닥에 어지럽게 흩어져 있었고 흡연과 구토의 냄새가 역하게 풍겼다. 곧이어 두통과 메스꺼움, 그리고 걷잡을 수 없는 갈증이 한꺼번에 덮쳐왔다. 그 순간 한참 동안 보지 못한 장면 하나가 눈앞에 떠올랐다. 나는 고향 집과 아버지, 어머니, 누나들, 정원을 보았으며 조용하면서도 익숙한 내 방을 보았다. 그다음엔 학교와 시장, 데미안과 견진성사 수업 시간을 차례로 떠올렸다. 그 모든 기억이 밝은 기운으로 빛나고 있었으며 하나같이 놀랍고도 정의로우며 순수했다. 그리고 그 순간 나는 깨달았다. 어제까지만 해도 내 것이었으며 몇 시간 전까지만 해도 손만 뻗으면 거머쥘 수 있었던 그 모든 것들이 바로 지금 타락하고 저주받아 더 이상 소유할 수 없게 되어버린 것이다. 오히려 이젠 그 모든 것들이 나를 거부하고 혐오스러워했다. 오래전 경험했던 애정과 친밀함의 표시, 금빛으로 찬란히 빛나는 어린 시절의 정원, 어머니의 입맞춤, 크리스마스 파티, 집에서 맞이한 여름날의 아침, 정원에 있던 꽃들……. 이젠 그 모든 것들에 어두운 그림자가 드리워져 엉망이 되어버렸다.

내가 그 전부를 밟아 뭉개버리고 말았다. 누군가가 나를 성전을 더럽힌 추방자로 몰아 포승줄로 묶어 교수대로 끌고 간다 하더라도 나는 기꺼이 응할 것이며, 그렇게 해야만 공정하고 정당하다고 여길 것만 같았다.

결국 내 안의 나는 바로 이런 꼴을 하고 있었던 것이다! 세상을 경멸하며 여기저기를 배회했다! 자만으로 가득 차 데미안의 생각을 공유했다! 내가 바라보는 나는 그랬다. 추방자에다 골칫덩이, 술꾼, 잔뜩 더럽혀진 인간, 비열하고 나쁜 놈, 그리고 혐오스러운 욕구로 인해 몰락한 자가 바로 나였다! 그것이 바로 내 눈에 비친 내 모습이었던 것이다. 나는 모든 것이 순수하고 밝게 빛나며 의심할 여지 없는 애정이 베풀어지는 그 정원을 떠나왔으며, 한때 바흐의 음악과 아름다운 시를 사랑하지 않았던가! 온갖 감정과 혐오감이 뒤섞인 상태에서도 나는 여전히 술에 취해 제어되지 않는 어리석은 자의 웃음소리를 들었다. 그게 바로 나였다!

하지만 이 모든 상황에도 불구하고 나는 그러한 고통을 한껏 즐기는 듯했다. 한동안 나는 눈이 멀고 어리석은 상태로 천천히 기어다녔으며 '아주 오랫동안' 내 마음은 한쪽 구석에 잔뜩 움츠린 채 활기를 잃은 상태였다. 그러다 보니 이런 자책과 자기혐오의 감정조차 반가울 수밖에 없었다. 적어도 그건 그 어떤 감정에 속했으니 말이다. 그래서 열정의 불꽃이 타올랐고 심장이 뛰지 않았던가. 비록 순전히 패배자 같은 꼴이었지만, 엉망이 된 모습 가운데서 난 해방과 더불어 봄의 시작과 같은 무언가를 느낄 수 있었다.

그사이 외부의 시선으로 바라보는 난 급속히 타락하고 있었다. 처음으로 시도했던 폭음은 더 이상 유일한 음주의 경험이 아니었다. 동급생들은 자주 술을 마셔대며 시간을 허비했고, 이런 식으로 행실이 나쁜 학생들 중에선 내가 가장 어린 축에 속했다. 난 더이상 사람들이 그저 눈감아주는 어린아이가 아니었고, 오히려 비행의 주범이자 스타였으며 대담하기로 소문난 술집 단골이 되어 있었다. 그렇게 난 다시 한번 어둠과 악의 세계에 발을 들였고 그 세계에서만큼은 멋진 놈으로 알려졌다.

나는 최대한 자기 파괴적 생활을 이어갔고 친구들 사이에서는 유쾌하기 그지없는 리더이자 아주 영리하고 재치 있는 놈으로 통했지만, 마음 깊은 곳에선 두려움과 불안에 허덕였다. 눈물이 차올랐던 적도 있었는데 아직도 그날을 기억한다. 술집에서 막 나온 나는 일요일 오후 거리에서 놀고 있는 아이들과 마주쳤다. 그들은 단정하게 머리를 빗었고 교회에 다녀온 옷차림을 한 채 더없이 명랑하고 행복해 보였다. 술 자국으로 지저분해진 술집 탁자에 앉아 신랄한 냉소로 친구들을 즐겁게 하고 충격에 빠뜨리기도 한 나였지만, 마음속 가장 깊은 곳에서만큼은 내가 비웃던 모든 대상을 경외했으며, 내 영혼과 과거, 어머니와 하느님 앞에 무릎을 꿇고서 흐느끼고 있었던 것이다.

내가 친구들과 둥글둥글하게 조화를 이루며 지내지 못하고 함께 있을 때도 외로워하며 그로 인해 괴로워한 데는 나름의 이유가 있었다. 나는 사실상 술꾼들의 영웅이자 조롱을 일삼는 자였다. 선생님들과 학교, 부모님, 교회에 대해 생각하고 말할 때는 투지와 용기를 드러냈다. 아무렇지 않게 음담패설을 들어 넘기고 이따금은 그런 말을 과감히 입에 올려보기도 했다. 하지만 여학생들과 외출할 때는 단 한 번도 따라가본 적이 없었다. 나는 벅차오르는 사랑에 대한 극심하고도 가망 없는 갈망을 그저 마음속에 담아둘 뿐이었다. 반면 이야기하는 투로만 봐서는 난 그야말로 닳고 닳은 난봉꾼이었으며 나보다 더 터무니없고 파렴치한 이는 없을 듯했다. 이따금 그 지역 소녀들이 어여쁘고 청결하며 유쾌하면서도 순수한 모습으로 내 앞을 지날 때면 그들이야말로 때 묻지 않은 근사한 꿈인 듯 보였고 나보다 천 배는 더 훌륭하고 고결한 사람들 같았다. 그런가 하면 나는 한동안 야겔트 부인의 문구점엔 발도 들이지 못했다. 그건 바로 알폰스 벡이 내게 해준 이야기가 떠올라 그녀 앞에서 얼굴이 빨개질 것만 같았기 때문이다.

내가 얼마나 빈번하게 외로운지 또 다른 이들과 얼마나 다른지 깨닫게 될수록 그릇된 행실에서 벗어나기란 점점 더 어려워졌다. 지금에 와서 돌이켜보면 술에 취해 허풍을 떠는 일상이 조금이라도 만족스러웠는지 알 길이 없다. 돌이켜보면 매번 불쾌한 숙취에 시달리지 않을 만큼만 술을 마시기란 쉬운 일이 아니었다. 늘 그런 식으로 행동하길 강요받은 것처럼 말이다. 달리 어찌할 방도도 없었기에 나는 사람들이 기대하는 방식대로 행동할 따름이었다. 사실 난 혼자서 오랜 시간을 보내기가 두려웠으며 지속적으로 나를 덮치는 수줍고 유약한 충동들을 마주할 때마다 불안에 떨었다. 그뿐만 아니라 수시로 치밀어 오르는 사랑에 관한 생각들조차 겁이 났다.

사실 내게 무엇보다 아쉬웠던 건 바로 친구였다. 같은 학교에 다니며 자주 만나는 친구들이 두세 명 있었지만, 그들은 모범생 축에 속했고 나의 비행은 공공연한 비밀이 된 지 오래였다. 자연히 그들은 나를 피해 다녔다. 대외적으로 나는 파멸 직전의 구제 불능 노는 놈으로 간주되었고, 선생님들 역시 내 행태를 소상히 파악하고 있었다. 나는 몇 번에 걸쳐 엄격한 처벌을 받았으며 결국 퇴학당하는 건 시간문제인 듯했다. 스스로도 익히 알고 있었듯이 나는 이미 오래전부터 모범생과는 거리가 멀었지만, 언제까지고 이런 식으로 지속될 순 없다는 기분을 안은 채 하루하루를 힘겹게 살아내고 있었다.

신의 섭리로 인해 우리는 여러 가지 방식으로 외로움을 느껴 우리 자신을 돌아보게 된다. 그리고 가끔은 하느님께서 이런 길을 나와 함께 가주시는 듯했다. 그건 마치 나쁜 꿈을 꾸는 듯한 과정이었다. 몽상가로서의 나는 넋을 잃고 안절부절못하며 고통받고 있었다. 나는 진흙탕보다 더 끔찍하고 더러운 길을 걷고 맥주잔을 깨질 듯 부딪치며 냉소 어린 수다로 밤을 지새웠다. 그런 종류의 꿈을 꿀 때가 있다. 그러니까 공주를 만나러 가는 길에 진창에 빠지고 마는데 그건 쓰레기와 악취가 넘쳐나는 뒷골목일 수도 있다. 알고 보면 그건 바로 내 현실을 반영하고 있었다. 다소 거친 방식으로 나는 외로움을 경험하게 되고, 나 자신과 어린 시절 사이에 에덴의 문을 두어야만 하는 것이다. 광채를 뿜는 무자비한 문지기가 지키고 있는 잠긴 그 문을 말이다. 바로 그게 시작이었다. 이전의 나를 향한 향수가 일기 시작한 것이다.

두려움은 가시지 않았다. 난생처음 사감 선생님의 편지를 받고 놀란 아버지께서 예고도 없이 성 ○○시를 찾아 나를 만나러 왔을 땐 온몸이 떨려왔다. 하지만 겨울이 끝나갈 무렵 아버지가 두 번째로 방문했을 땐 이미 냉담하고 무관심해진 터라 그의 꾸짖음과 애원에도 꿈쩍하지 않았다. 아버지는 내가 어머니 생각을 하길 바랐다. 결국 아버지는 너무 화가 난 나머지 내가 나아지지 않는다면 학교에서 불명예스럽게 쫓겨나게 만든 다음 감화원에 맡겨버리겠다

고 으름장을 놓았다. 난 될 대로 되라는 심정이었다. 그렇게 아버지
가 돌아가고 나서 난 그에게 연민을 느꼈다. 아버지는 아무것도 얻
은 게 없었다. 그는 더 이상 내 마음을 사지 못했고 당시로선 그렇게
된 게 당연하다고 생각했다. 나는 뭐가 되건 상관없었고, 나만의 기
이하고 추한 방식으로 술집을 드나들며 잔뜩 지껄여댔다. 그렇게 난
이 세상과 맞서 싸웠으며 그건 내 나름의 시위 방식이었다. 한편 그
과정에서 나는 스스로를 파멸시켰고, 가끔은 세상이 나 같은 사람
들을 제대로 활용하지 못한다는 느낌을 받았다. 만일 그들이 보다
적절한 자리와 더 나은 사례를 제공하지 못한다면 나 같은 부류의
사람들은 그저 패배자로 전락해버릴 터였다. 하긴 뭐, 그렇게 되면
손해 보는 쪽은 이 세상이니까.

그해 크리스마스는 전혀 즐겁지 못했다. 어머니는 다시 보게 된
내 모습에 기겁을 했다. 나는 훌쩍 더 커버렸고 여윈 얼굴은 잿빛
에다 쇠약해 보였다. 살갗은 탄력을 잃은 데다 눈은 벌겋게 충혈되
어 있었다. 게다가 이제 막 콧수염이 나기 시작했을 뿐 아니라 최근
끼기 시작한 안경 때문에 내 모습은 더 낯설어 보였다. 누나들도 이
런 내 모습에 움찔하며 킬킬 웃어댔다. 모든 것이 그저 불편할 따
름이었다. 아버지와 서재에서 따로 나눈 대화도 불편하기 짝이 없
었다. 몇몇 친척들과 나눈 인사도 불편하긴 마찬가지였으며 무엇
보다 크리스마스라는 명절 자체가 제일 불편했다. 이 집에서 사는
동안 크리스마스는 성대한 행사로 사랑과 감사의 마음을 다지고 부
모님과의 유대를 새로이 하는 장이었다. 그러나 이번만큼은 숨이
조여올 만큼 답답하고 당황스럽기만 한 크리스마스를 보내야 했다.
아버지께서는 늘 그렇듯 들판에서 '양 떼를 지키는' 양치기에 관한

성경 구절을 소리 내어 읽어주셨다. 누나들 역시 예전처럼 크리스마스 선물이 놓인 탁자 앞에 웃으며 서 있었다. 하지만 어쩐 일인지 아버지의 음성은 웬지 화가 난 듯했고 얼굴도 늙어 보였으며 어머닌 슬픔에 잠겨 있었다. 고통스럽고 긴장된 분위기 탓에 공기는 무겁게 느껴졌다. 선물들과 크리스마스 덕담들, 성경 구절, 밝게 빛나는 트리까지 죄다 그러한 분위기와는 맞지 않았다. 생강 쿠키에서 풍기는 달콤한 냄새는 기분 좋은 기억들을 떠올리게 했다. 또 크리스마스트리의 익숙한 냄새를 맡고 있자니 예전의 크리스마스 풍경과 추억들이 되살아났다. 어찌 되었건 나는 크리스마스이브와 휴일이 하루빨리 끝나길 간절히 바랐다.

그런 분위기는 겨우내 지속되었다. 바로 얼마 전 나는 교사들로부터 엄중한 퇴학 경고를 받은 터였다. 이런 식이라면 그다지 오래는 버티지 못할 것 같았다. 내가 보기에도 상황은 그러했다.

나는 특별히 막스 데미안에게 유감을 품고 있었다. 한동안 그를 보지 못했고, 성 ○○시에서 첫 학기를 시작할 때 즈음 두 번이나 그에게 편지를 보냈지만 전혀 답이 없었던 것이다. 그래서 나 역시 방학 동안 집에 와 있으면서도 굳이 그를 찾지 않았다.

산울타리가 파릇파릇해지던 이른 봄, 나는 지난가을 알폰스 벡과 마주쳤던 그 공원에서 한 소녀와 맞닥뜨렸고 그녀에게 단번에 끌림을 느꼈다. 당시 나는 불미스러운 생각과 염려로 뒤죽박죽이 된 머리를 식히려 홀로 산책길에 나선 터였다. 그도 그럴 것이 당시에는 건강이 그다지 좋지 않았고, 설상가상으로 줄곧 금전 난에 시달렸다. 여러 친구들에게 빚을 진 나는 뇌물로 선물 공세를 해댔고 몇몇 상점에서는 담배 따위를 사느라 치러야 할 금액이 늘어가고 있었다. 하지만 사실 이런 문제들은 크게 염려할 거리가 못 되었다. 만일 내가 물에 빠져 죽거나 감화원으로 보내져 삶이 끝나버리게 된다면 이처럼 하찮은 문제들도 다시 일지 않을 터였기 때문이다. 어쨌건 나는 이 흉측한 현실을 마주했고 그럴 때마다 비참한 기분에 빠져들었다.

그러던 중 그 봄날 나는 한 소녀와 공원에서 마주친 것이다. 키가 크고 날씬한 그녀는 말쑥하게 차려입은 데다 실제보다 어려 보였다. 나는 그런 그녀에게 단번에 끌리고 말았다. 그녀는 내가 선호하는 타입이어서 상상력을 충족시키기에 충분했다. 또 나보다 나이가 엄청 더 많을 것 같진 않았지만 어쨌거나 나보다 훨씬 어른스러웠다. 그녀는 우아할 뿐 아니라 자세까지 잘 잡혀 이미 성인 여성의 면모를 보이기도 했지만, 활달한 소년 같은 표정도 가미되어 있어 특히 나 더 매력적으로 다가왔다.

여태 살아오면서 나는 한 번도 내가 사랑에 빠졌던 소녀에게 접근해보지 못했으며 그건 지금의 경우 역시 마찬가지였다. 그러나 이 일은 그 어느 때보다 내게 깊은 감흥으로 다가왔으며 이번 사랑의 열병은 내 인생에 지대한 영향을 미쳤다.

어떤 이미지 하나가 대뜸 내 앞에 떠올랐다. 그건 고귀하고 경의를 표시할 만한 이미지였다. 아, 정말이지 내 안에 자리한 감정들 중 누군가를 숭배하고 존경하고픈 열망보다 더 심오하고 강력한 건 없으리라. 나는 그녀를 베아트리체라고 불렀다.《단테》를 읽어보진 않았지만, 내가 가지고 있는 어느 영국 그림의 복사본을 통해 그 이름을 알게 된 것이다. 그 그림은 사실과 화가의 작품으로 팔다리가 길고 날씬한 데다 머리는 가느다랗고 정제된 손과 용모를 지닌 소녀를 표현했다. 내가 흠모한 아름다운 소녀는 그림 속 소녀와는 달랐지만, 그림처럼 날씬한 데다 소년과 같은 분위기를 지녔으며 지적 혹은 영적이라고 할 만한 표정이 있어 이끌리지 않을 수 없었다.

나는 베아트리체에게 단 한마디의 말도 건넨 적이 없었지만, 당시 그녀는 내게 가장 큰 영향을 미쳤다. 그녀의 이미지는 마치 성스러운 제단인 양 내 앞에 우뚝 서 있었다. 어느새 그녀는 나를 예배당에서 기도하는 사람으로 탈바꿈시켜 놓았다. 술을 마셔대고 밤에 쏘다니는 횟수도 점차 줄었다. 나는 다시금 홀로 의연히 시간을 보낼 수 있었고 독서와 산책을 즐기게 되었다.

하루아침에 바뀐 내 모습은 수많은 조롱을 이끌어내기에 충분했다. 하지만 이제 내겐 사랑하고 숭배할 대상이 생겼다. 나는 다시금 이상적인 사람이 되었고 삶은 또다시 신비롭고 유쾌하며 비밀스럽기 그지없었다. 또 비록 고결한 이미지의 종복이자 노예일 때로만 국한되긴 했지만, 어쨌건 난 마음의 안정을 되찾았다.

나는 무너져 내린 내 삶의 폐허 속에서 '밝은 빛의 세계'를 세우려 다시 한번 온 힘을 기울였다. 그렇게 나는 다시금 하느님 앞에 무릎을 꿇고 내 안의 어둠과 악을 몰아내는 동시에 빛의 세계까지 되찾겠다는 일념으로 살아가게 된 것이다. 그러므로 이 '빛의 세계'는 어느 정도까지는 내가 빚어낸 창조물인 셈이었다. 그건 더 이상 어머니가 있는 보금자리와 무책임한 안전의 소굴로 기어들어 가는 도피를 뜻하지 않았다. 오히려 내가 스스로 발굴하고 열망한 새로운 의식에 가까웠다. 또 마냥 고통스럽기만 해서 늘 회피해 왔던 성적 관심은 이제 이 성스러운 불꽃 앞에서 영성과 헌신으로 바뀌었다. 어둠과 증오, 고통스러웠던 밤들, 음란한 그림들을 앞에 두고 느꼈던 흥분, 닫힌 문에 귀를 대고 엿듣는 행위, 그리고 방탕함 따위는 더 이상 없을 터였다. 이 모든 것들 대신 나는 베아트리체의 이미지로 제단을 올렸으며 나 자신을 그녀에게 바치는 동시에 성령과 하느님께 나를 드린 건 물론 어둠의 힘에서 빼내 온 내 삶의 일부를 빛의 힘 앞에 바쳤다. 단순한 재미가 아닌 순결이 내 목표로 자리했으며 행복은 아름다움과 영성으로 대체되었다.

베아트리체를 숭배하게 되면서 내 삶은 완전히 바뀌어버렸다. 어제의 조숙한 냉소가는 어느덧 하느님의 시종으로서 성자가 되길 열망했다. 나는 한동안 익숙해져 있던 피폐한 삶을 벗어던지고 나 자신을 완전히 바꾸려 애썼다. 모든 일에 순결과 고귀함, 가치를 부여하려 했던 것이다. 자연히 먹고 마시고 이야기하고 옷을 차려입는 중에도 내 생각은 온통 이러한 목표에 집중되어 있었다. 또 찬물 목욕으로 하루를 시작했는데 이건 그야말로 엄청난 수고를 요하는 일이었다. 나는 좀 더 근엄하고 진지하게 행동하려 애썼고 몸을 꼿꼿이 세우고 다녔으며 더 느리고 근엄하게 걸어 다녔다. 남들이 보면 우스웠겠지만, 내겐 그 모든 시도가 숭배 행위일 따름이었다.

새로운 마음가짐을 표현하려고 처음으로 시도했던 그 모든 행위들 가운데 아주 중요한 한 가지는 바로 그림을 그리는 거였다. 그림을 그리게 된 계기는 내가 가지고 있던 영국 작가의 베아트리체 초상화가 내 마음속 소녀와 닮지 않아서였다. 그래서 내가 그녀의 초상화를 손수 한번 그려보고 싶어졌던 것이다. 처음 느껴보는 기쁨과 희망을 안고서 나는 질 좋은 도화지와 물감, 붓, 팔레트, 유리컵, 사기 접시, 연필 따위의 미술 도구를 챙겨 최근에 마련된 나만의 방으로 들어갔다. 작은 튜브에 들어 있는 섬세한 색상의 템페라 물감

들이 나를 즐겁게 했다. 그중에서도 강렬한 초록색의 경우에는 하얗고 작은 접시에 풀어 놓았을 때 처음으로 빛나던 모습이 지금까지도 생생히 떠오른다.

나는 신중하게 그림 그리기에 돌입했다. 처음부터 초상화를 그리려니 왠지 힘에 부쳤다. 그래서 우선 인물 외의 다른 것들을 그려보기 시작했다. 가령 징식품이나 꽃, 자그마한 상상 속 풍경들, 예배당 옆에 자리한 나무 한 그루, 사이프러스 나무가 있는 로마식 다리 같은 것들 말이다. 나는 종종 이렇게 시간을 보내는 데 완전히 몰두해서 물감 통을 가지고 노는 어린아이처럼 행복해했다. 그러다 마침내나는 베아트리체의 초상화를 그리기 시작했다.

나는 자주 그림을 망쳐 도화지 여러 장을 내다 버렸다. 이따금 거리에서 마주쳤던 소녀의 모습을 담아내려 애쓸수록 그림은 더 그릴 수 없었다. 결국 난 애쓰기를 포기하고 내 상상과 생각을 통해 자연스럽게 떠오르는 얼굴을 그리기로 했다. 그 결과 탄생한 작품은 꿈에 그리던 얼굴이었지만, 크게 만족스럽진 않았다. 나는 그림 그리기를 계속 이어갔고 그릴 때마다 그림은 내 이상형에 가까워져 갔다. 물론 그렇다고 해도 실제 그녀의 모습을 따라잡기에는 역부족이었지만 말이다.

나는 하릴없이 연필로 선을 긋고 색칠해나가는 과정에 점점 더 익숙해져 갔다. 특별히 염두에 둔 모델은 없었지만, 내 잠재의식으로부터 종이 위로 튀어나와 붓질을 통해 형태가 잡히는 대로 그려나간 것이다.

그러던 어느 날 마침내 나는 스스로 거의 인식하지 못하는 사이 초상화 한 점을 완성해냈고 그 그림은 이전 것들에 비해 보다 확실한 어떤 메시지를 담고 있는 듯했다. 사실 그건 소녀의 얼굴이라고 볼 수 없었다. 소녀와는 거리가 멀었고 대신 꽤나 다르고 비현실적인 무언가를 표현한 것 같았는데 어찌 되었건 내게는 의미 있는 그림이었다. 그 그림은 소녀보다는 소년의 머리와 닮아 있었고, 머리칼은 내가 흠모하는 소녀의 금발과 달리 붉은 느낌이 섞인 밤색이었다. 턱은 다부지고 단호한 인상을 풍겼으며 입술은 붉은색을 띠고 있었다. 전체적으로 보면 다소 경직된 데다 가면 같은 느낌을 주는 그림이었지만, 그건 꽤나 인상적일 뿐 아니라 비밀스러운 내적 삶을 암시하는 듯했다.

완성된 그림을 앞에 두고 앉아 있으려니 그림이 풍기는 묘한 인상을 인식하게 되었다. 그림은 하느님의 모습 내지는 성스러운 가면을 닮아 있었고 절반은 남자요 절반은 여자인 듯했으며 늙지도 않고 몽환적이면서 동시에 결의에 차 있는 데다 얼어붙은 듯하면서도 묘하게 생동감 넘치는 표정을 담고 있었다. 그리고 이 얼굴은 분명 내게 어떤 메시지를 던지는 중이었다. 그건 내 일부였으며 무언가를 요구하고 있었다. 또 누군가와 흡사한 듯했지만, 그게 누군지 분간할 수 없었다.

이 그림은 이후 한참 동안 내 뇌리에서 떠날 줄 몰랐으며 내 삶을 둘로 갈라놓았다. 나는 누군가 그림을 발견하고 놀려대는 일이 없도록 늘 그걸 서랍 속에 숨겨뒀다. 하지만 내 방에 혼자 있을 때면 서랍에서 그림을 꺼내 들고 교감하기를 즐겼다. 또 저녁때가 되면 침대 맞은편 벽에다 그림을 붙여두고 잠이 들 때까지 그걸 바라보곤 했다. 자연히 아침에 눈을 뜨자마자 가장 먼저 보게 되는 건 바로 그 그림이었다.

정확히 그 무렵 나는 어린 시절에 그랬던 것처럼 다시금 엄청나게 많은 꿈을 꾸기 시작했다. 이젠 완전히 새로운 종류의 그림이 나타나곤 했는데, 매번 내가 그린 초상화가 등장했다. 그림은 살아 있으면서 유창하게 말하는가 하면 친근할 때도 적대적일 때도 있었다. 또 가끔은 찌그러져 있기도 했지만, 더없이 아름답고 조화로우며 고귀하게 보일 때도 있었다.

그러던 중 어느 날 아침 꿈을 꾸다 잠에서 깬 나는 새삼 나의 그 그림을 인식하게 되었다. 그림은 놀랄 만큼 익숙한 데다 마치 내 이름을 부르는 것만 같았다. 그런가 하면 평생토록 나를 지켜봐온 어머니처럼 나를 꿰뚫고 있는 것 같기도 했다.

요동치는 가슴을 억누르며 나는 그림을 빤히 쳐다봤다. 촘촘하게 난 갈색 머리칼과 절반 정도는 여성적인 입매, 저절로 묘한 빛이 나는 탄탄한 이마를 바라보던 나는 문득 깨달았다. 그러니까 그림에 대한 내 인식과 재발견, 그리고 지식이 점점 더 현실화되고 있다는 걸 말이다.

나는 침대에서 뛰쳐나와 그림 앞으로 다가간 다음 가까이에서 그 얼굴을 들여다봤다. 시원하게 열린 데다 초록빛을 띤 채 뚫어지게 쳐다보는 눈을 마주하면서 말이다. 자세히 보니 오른쪽 눈이 왼쪽보다 조금 더 올라가 있었다. 그러다 난데없이 오른쪽 눈이 아주 희미하지만 틀림없이 씰룩거리는 듯했다. 곧이어 나는 그 초상화가 누구의 것인지 알아볼 수 있었다.

그걸 알아보기까지 대체 왜 그리 오래 걸린 것일까. 그건 바로 데미안의 얼굴이었다.

나중에 나는 종종 그림 속 그 얼굴을 내가 기억하는 데미안의 모습과 비교해보곤 했다. 조금 닮긴 했어도 두 얼굴은 분명 달랐다. 그렇다 하더라도 그건 의심할 여지 없이 데미안이었다.

초여름의 어느 저녁 무렵, 서쪽으로 난 내 방 창문을 통해 붉은 태양빛이 기울어지며 들어왔다. 그러자 곧 방 안쪽도 어스름해졌다. 문득 나는 베아트리체(혹은 데미안) 그림을 창살에 붙여두고 햇빛이 비치면 어떻게 되는지 한번 보고 싶어졌다. 그 결과 얼굴의 윤곽은 흐릿해지고 말았지만, 가장자리가 선홍색으로 변한 두 눈과 환한 이마와 생기 넘치는 붉은 입은 표면에서부터 맹렬히 빛이 났다. 나는 마침내 그림이 보이지 않게 된 후에도 한참 동안 그림을 앞에 두고 앉아 있었다. 그러자 그건 베아트리체도 데미안도 아닌 바로 나 자신이라는 느낌이 들었다. 굳이 그래야 한다고 여기지도 않았지만, 그림이 나처럼 보인 건 아니었다. 그러나 그 얼굴은 어쩐지 내 삶을, 내 안의 자아를, 내 운명 혹은 악령을 드러내는 듯했다. 다시 찾을 수만 있다면 그것이야말로 내 친구의 모습일 것이며, 내게 사랑하는 이가 있었다면 그 여성의 모습이 그러했을 터였다. 한 마디로 그건 내 삶과 죽음의 양식으로 내 운명의 분위기와 리듬을 표현해내고 있었다.

그 주간에 나는 책 한 권을 읽기 시작했는데, 그 책은 그간 내가 읽은 그 어떤 책들보다 깊은 인상을 남겼다. 시간이 흐르고 나서 나중에 와서 생각해보더라도 니체 말고는 책에 그토록 몰입해본 적이 거의 없을 정도였다. 어쨌든 그건 노발리스의 책으로 편지와 잠언으로 구성되어 있었는데, 내용 대부분은 이해하기 어려웠다. 하지만 설명하긴 어렵지만 그 책은 모든 면에서 매력적이고 흥미로웠다. 그 순간 문득 잠언의 한 구절이 떠올랐다. 나는 펜을 집어 들고는 그 구절을 그림 아래쪽에 써넣었다. '운명과 기질은 개념의 또 다른 명칭에 해당한다.' 나는 이 말을 이제야 이해한 것이다.

내가 베아트리체라고 명명한 그 소녀와 자주 마주치긴 했어도 더 이상 마음이 동요하진 않았다. 대신 끊임없는 조화와 공감적 열망에서 다음과 같은 메시지가 흘러나온다는 걸 인식할 따름이었다. '넌 나와 아주 밀접하게 연관되어 있지. 그리고 너 자신이라기보다 너의 이미지가 더욱 그러하지. 넌 내 운명의 일부란다.'

나는 다시금 막스 데미안을 사무치게 그리워하고 있었다. 지난 수년 동안 그의 소식이라곤 듣지 못한 터였다. 그런데 방학 때 단 한 번 그와 마주친 적이 있긴 했다. 이제 와서 깨닫게 된 것이지만, 나는 그 짧은 만남에 대해 어떤 기록도 남기지 않았으며 그건 단지 수치심과 자만심 때문이었다. 이제 빠뜨렸던 그 기록을 채워 넣어보려 한다.

그러니까 방학을 보내고 있던 어느 날, 나는 술집을 즐겨 찾는 자들에게서 흔히 관찰되는 심드렁하고 지친 표정을 내비치며 고향 마을을 거니는 중이었다. 지팡이를 흔들어 가며 마을 사람들의 늙고 경멸스러운 데다 변하지 않은 모습을 응시하고 있노라니 예전의 벗이 내 쪽으로 다가왔다. 내 시선이 그에게로 가 머문 순간 온몸에 전율이 일었다. 문득 프란츠 크로머와의 사건이 뇌리를 스치고 지나갔던 것이다. 과연 데미안은 그 일을 깡그리 잊었을까? 불현듯 그에게 신세 졌다는 느낌이 들자 나는 너무 불쾌해졌다. 사실 어리석은 아이들의 장난과 같은 사건이긴 했지만, 그에게 신세를 진 건 분명했다.

데미안은 내가 먼저 인사해주길 기다리는 듯했고, 내가 무심한 척하며 아는 체를 하자 불쑥 손을 내밀어 악수를 청해왔다. 그와의 악수는 여전했다. 단단하고 따뜻하지만 동시에 냉정하면서도 남성적인 느낌이 풍겼던 것이다.

그는 내 얼굴을 자세히 살피더니 이렇게 말했다. "이제 다 컸구나, 싱클레어." 데미안은 예나 지금이나 변한 구석이 없어 보였다. 그가 함께 걷기로 해서 우리는 산책을 하며 잡담을 나눴다. 예전 일에 관한 이야기는 단 한 마디도 나오지 않았다. 문득 한참 전에 그에게 몇 번 편지를 보냈지만 답장이 없었던 일이 떠올랐다. 제발 그 바보 같은 편지들은 잊었길! 하지만 데미안은 편지에 관해서도 아무 말이 없었다.

당시만 해도 아직 베아트리체를 못 만난 때였기에 그녀의 초상화도 없었다. 그런 만큼 난 한창 우울한 시기를 보내던 중이었다. 마을 외곽에 이르렀을 때 나는 술집에 들를 것을 그에게 제안했다. 그는 그러자고 하며 내 제안을 받아들였다. 나는 잔뜩 허풍스럽게 와인 한 병을 주문하고는 그에게 잔을 건넨 뒤 거기다 내 잔을 부딪치며 학생들의 음주 문화에 내가 얼마나 익숙한지 보여주려 했다. 나는 첫 잔을 단숨에 비워냈다.

"술집엔 자주 가는 편이야?" 그가 질문을 해왔다.

"아, 그럼." 나는 아무렇지 않게 대답했다. "그러지 않으면 뭘 하겠어? 결국엔 이렇게 하는 게 가장 즐겁게 시간을 보낼 수 있는 방법이지."

"정말 그렇게 생각하는 거야? 뭐, 그럴 수도 있을 것 같아. 분명 음주에는 유쾌한 면이 있긴 하지. 흥청망청 마셔대는 행위의 묘미랄까. 하지만 바로 그 점이 술집 애호가들이 놓치는 부분이긴 해.

내가 보기엔 술집을 밥 먹듯 드나드는 행위야말로 따분한 일인 것 같아. 야심한 밤에 술을 들이켜며 시끌벅적하게 시간을 보내는 것도 물론 좋고말고! 하지만 한 잔이 두 잔이 되고 또 그런 날이 계속된다면 거기엔 진정성이 없어 보이는데 말이야. 파우스트가 밤마다 술집 탁자에 앉아 시간을 보낸다고 하면 그런 모습이 상상이나 되니?"

나는 와인을 들이켜며 그에게 적대적인 시선을 던졌다.

"아니. 하지만 우리가 전부 파우스트는 아니잖아." 나는 퉁명스럽게 응수했다.

데미안은 다소 당혹스러운 표정으로 나를 쳐다봤다.

"이런, 이런 문제로 언쟁을 벌이는 게 아닌데 말이야. 여하튼 술꾼이나 건달의 삶은 트집 잡을 데라곤 없는 일반인의 그것보다 더 활기찰지도 모르지. 언젠가 한번 어디서 읽었는데 말이지, 신비주의자가 되려면 건달로 살아보는 게 최선이라는 거야. 나중에 성인이 된 성 아우구스틴 같은 사람들도 많아. 그도 한때는 쾌락주의자로 산전수전을 다 겪었지."

잔뜩 불신에 찬 나는 그의 의견에 동조할 생각이 전혀 없었기에 퉁명스러운 어조로 이렇게 말하고 말았다. "그래, 뭐. 각자 끌리는 대로 사는 거지. 하지만 이것만은 말해둘게. 난 성자니 뭐니 하는 게 될 생각 따윈 조금도 없다고."

데미안은 눈을 가늘게 뜨고 기민한 눈초리로 상황을 파악하는 듯했다.

"내 친구 싱클레어." 그가 천천히 입을 열었다. "널 언짢게 하려던 건 아니야. 어찌 되었건 네가 계속해서 와인을 마셔대는 이유에 대해선 우리 중 누구도 몰라. 그건 네 삶을 이루는 너의 일부만이 알고 있을 테지. 우리 자신보다 우리를 잘 파악하고 모든 걸 원하고 행하는 누군가 우리 안에 자리한다는 걸 알면 참 좋겠지. 아, 그럼 난 이만 실례할게. 집에 가봐야 해서 말이야."

우리는 짧게나마 작별 인사를 나눴다. 나는 잔뜩 기분이 상해 와인 병을 마저 비웠다. 마침내 집으로 가려고 자리에서 일어선 나는 데미안이 이미 술값을 치렀다는 사실을 알아차렸고, 그러자 기분만 더 나빠졌다.

이제 내 생각은 다시 한번 그 가벼운 사건으로 방향을 튼다. 아무래도 그를 잊을 수가 없다. 마을 외곽의 그 선술집에서 그가 했던 말들도 이상하리만치 생생하고 또렷하게 떠오른다. "우리 자신보다 우리를 잘 파악하고 모든 걸 원하고 행하는 누군가 우리 안에 자리한다는 걸 알면 참 좋겠지……." 나는 이제는 색이 거의 바랜 창살에 걸린 그림으로 눈길을 던졌다. 색이 바래긴 했지만, 그 눈빛만은 여전히 타들어가듯 이글거렸다. 그건 데미안의 모습이든 아니면 내 안에 자리한 바로 그자였다. 나에 대해 모든 걸 꿰뚫고 있는 바로 그 사람 말이다.

그토록 데미안을 그리워했음에도 내가 그에 대해 아는 건 전혀 없었다. 나는 그에게 아무런 영향도 미칠 수 없는 위치에 있었다. 내가 아는 거라곤 아마도 그는 학업을 이어가고 있을 것이며 이전에 다니던 학교를 마치자마자 어머니의 집과 고향을 떠났다는 사실뿐이었다.

나는 크로머와의 사건이 있었던 시기까지 포함해서 막스 데미안에 대한 기억을 전부 끌어모으려 애썼다. 한때 그가 내뱉은 말들은 여전히 얼마나 내 귓전에 울리던가. 그리고 오늘날까지도 내게 큰 의미로 다가와 얼마나 밀접한 영향을 미치는가. 문득 지난번 그와의 불편했던 만남을 통해 그가 언급한 건달과 성자에 관한 이야기가 내 앞에 생생히 떠오르는 듯했다. 나 역시 그런 식으로 지내온 게 아닐까? 나야말로 술에 찌들어 불결하게 지내며 방향을 잡지 못한 채 멍하니 살아오지 않았던가? 삶에 대한 새로운 열망이 내 안에 완전한 변화를 몰고 와 순수한 정신을 갈망하고 추구하게 될 때까지는 늘 그런 식이 아니었던가 말이다.

그렇게 나는 기억을 계속 헤집어나갔다. 밤은 이미 깊었고 바깥에는 비가 내리고 있었다. 나는 내 기억 속에서조차 빗소리를 들을 수 있었다. 언젠가 데미안은 밤나무 아래에서 프란츠 크로머에 관한 일을 내게 물었고 결국엔 내 인생 최초의 비밀을 추측해 냈다. 기억들은 하나씩 차례로 떠올랐다. 견진성사 수업을 받기 위해 학교로 향하던 도중 그와 나눈 대화를 떠올리다가 마침내는 막스 데미안과 처음 마주쳤던 순간까지 기억해냈다. 우린 대체 무슨 이야기를 나눴던가? 처음엔 기억이 나지 않아 생각에 몰두한 상태 그대로 잠시 기다렸더니 그날의 기억이 되살아났다. 데미안과 나는 우리 집 앞에 서 있었고, 그건 그가 막 카인의 일화에 대한 자신의 의견을 피력한 직후였다. 곧이어 그는 우리 집 대문 위 쐐기돌에 새겨진 낡고 바랜 문장을 언급했다. 그는 그 문장이 꽤 흥미로우며 누구든 바로 그런 것에 주목해야 한다고 말했었다.

그날 밤 나는 데미안과 그 문장에 관한 꿈을 꿨다. 문장은 계속 형태를 바꿔가며 나타났다. 데미안은 문장을 손에 쥐고 있었다. 문장은 작고 잿빛이었다가 어느새 더 커져 다채로운 색상을 선보였는데, 데미안은 그건 늘 똑같은 새라고 설명했다. 그러다 그는 급기야 내게 문장을 집어 먹도록 지시했다. 문장을 삼킨 후 찾아든 엄청난 고통 속에서 나는 문득 알아차렸다. 바로 내가 삼킨 문장 속 그 새가 내 안에서 살아나더니 나중에는 내 안쪽부터 나를 집어삼키기 시작한 것이다. 죽을 것만 같은 공포에 휩싸인 채 나는 소스라치게 놀라며 잠에서 깨어났다.

나는 완전히 잠에서 깬 상태였다. 한밤중이었고 비가 방 안으로 들이치는 소리가 들려왔다. 창문을 닫으려고 일어선 나는 바닥에 놓여 있던 밝은색의 무언가를 밟은 듯했다. 아침에 일어나 보니 그건 다름 아닌 내가 그린 그림이었다. 그림은 안쪽으로 말려 들어간 채 젖은 바닥에 떨어져 있었다. 나는 그림이 마를 수 있도록 도화지를 펼쳐서 압지 사이에 끼워 두꺼운 책 속에 넣어두었다. 다음 날 그림을 살펴보았더니 마르긴 했지만 뭔가 달라져 있었다. 그러니까 입술의 붉은색이 좀 더 옅어지고 입술 자체도 더 줄어든 것만 같았다. 그건 영락없이 데미안의 입술이었다.

나는 완전히 새로운 그림을 그리기 시작했다. 그건 다름 아닌 문장의 새였다. 당시 나는 본래 그 새가 정확히 어떤 모습이었는지 더 이상 기억할 수 없었는데, 사실 원래의 문장을 아주 가까이에서 들여다보더라도 새의 모양을 못 알아봤을 수 있다. 왜냐하면 문장이 워낙 낡았던 탓에 수시로 덧칠을 해야 했기 때문이다. 새는 서 있거나 아니면 꽃이나 바구니, 둥지 혹은 나무 꼭대기 같은 곳에 앉아 있는 모습이었다. 어쨌든 그 부분은 크게 상관이 없었다. 나는 똑똑히 기억할 수 있는 모습부터 그려나가기 시작했다. 그러다 불현듯 어떤 모호한 충동이 인 탓에 나는 그 즉시 강렬한 색채를 이용하기 시작했고 새의 머리는 황금색으로 칠했다. 기분 내키는 대로 그림을 그려 나가다 보니 며칠 후에는 그림을 완성할 수 있었다.

그건 맹금류의 모습이어서 좁고 무자비하게 보이는 매의 머리가 두드러졌다. 그 몸의 절반은 어두운 지구 속에 가라앉아 있었으며, 새는 푸른 하늘을 배경으로 마치 거대한 알에서 깨어나듯 그곳을 벗어나려 안간힘을 쓰고 있었다. 그림은 오래 쳐다볼수록 점점 더 내가 꿈에서 봤던 밝은 색채의 문장처럼 보였다.

설령 주소지를 알았다 하더라도 나는 감히 데미안에게 편지를 쓰지 못했을 것이다. 하지만 난 내가 모든 일에 적용하곤 하는 공상적 예지력에 힘입어 그 매의 그림을 데미안에게 보내보기로 마음먹었다. 실제로 그가 그 그림을 받아볼 수 있을지 여부는 크게 중요하지 않았다. 나는 그림에 내 이름조차 써넣지 않은 채 도화지 가장자리를 조심스레 잘라내 다듬은 다음 커다란 봉투를 사서 내 친구의 옛 주소를 적었다. 그러고는 드디어 그 편지를 부친 것이다.

시험 기간이 다가오고 있었던 만큼 나는 평소보다 더 학교 공부에 매진해야 했다. 내가 파렴치한 품행을 고치고 나서부터 선생님들은 너그럽게 나를 다시 받아주었다. 그렇다고 해서 내가 하루아침에 모범생이 된 건 아니었지만, 육 개월 전까지만 해도 내가 불명예 퇴학을 당할 거라고 모두들 예상했던 사실에 대해서는 나를 포함한 그 누구도 감히 떠올리지 않았다.

아버지는 이제 예전에 그랬던 것처럼 비난과 위협 없이 내게 편지를 보냈다. 하지만 그렇다 하더라도 내게 그런 변화가 어떻게 찾아들게 된 건지 아버지나 다른 사람들에게 설명하고 싶은 마음은 전혀 일지 않았다. 내 태도의 전환이 부모님과 선생님의 바람과 맞아떨어지게 된 건 순전히 우연이었다. 내게 변화가 일었다고 해서 내가 특별히 다른 사람들과 더 가까워진 건 아니었으며, 알고 보면 사실상 그 누구와도 친밀하게 지내지 않았던 까닭에 외로움만 증폭될 따름이었다. 그도 그럴 것이 정작 그러한 변화가 모호하게나마 겨냥한 목표는 멀리 떨어진 미래의 운명인 데미안이었던 것이다. 이 점에 대해서는 당시의 나 자신도 미처 깨닫지 못하고 있었다. 그건 내가 여전히 한창 변화를 겪는 중이었기 때문이다. 베아트리체는 내 변화의 출발점이었다. 그러나 한동안 내가 너무도 비현실적인 세계에 빠져 오로지 내 그림과 데미안에 대한 생각에만 몰두해 생활한 탓에 베아트리체는 내 시야와 마음에서 완전히 멀어져 있었다. 게다가 난 내 꿈과 열망과 내적 변화에 대한 이야기를 누구에게도 털어놓지 못했다. 설령 그러고 싶었다 하더라도 말이다.

하지만 내가 어떻게 그런 바람을 품을 수 있단 말인가?

5

새는 치열하게 알을 깨고 나오나니

내가 그린 꿈속의 새는 내 친구를 찾아갔다. 어느 날 생각지도 못한 방식으로 답장이 날아들었다.

언젠가 수업이 시작되기 전 쉬는 시간에 교실에 앉아 있던 나는 내 책상 위 책 속에 끼워진 종이쪽지 한 장을 발견했다. 그 쪽지는 수업 시간에 학생들이 서로 교환하는 쪽지들과 같은 방식으로 접혀 있었다. 당시 나는 동급생 중 누구와도 쪽지를 교환할 만큼 친하지 않았기에 도대체 누가 내게 이런 걸 보냈을까 하고 의아했다. 그건 분명 아이들의 장난에 참여할 것을 유도하는 일종의 초대장일 것이며 어찌 되었든 나는 가담하지 않을 거라 여겼기 때문에 나는 그 쪽지를 읽어보지도 않고 내 책 앞쪽에 두었다. 수업이 시작되고 얼마 지나지 않아 쪽지는 내 손으로 떨어져 내렸다.

만지작거리던 쪽지를 최대한 무심히 펼쳐보았더니 거기 적힌 몇 글자가 눈에 들어왔다. 나는 그 글자들을 흘낏 쳐다보았고, 그 구절은 단숨에 나를 빨아들였다. 어찌할 바를 모를 정도로 당황한 나는 잠자코 그 구절을 읽어 내려갔다. 운명을 앞에 둔 내 심장은 서늘한 공포를 느끼며 쪼그라들었다. 그 구절은 바로 이랬다. '새는 치열하게 알을 깨고 나오나니. 그 알은 곧 세계일지어다. 누구든 태어나고자 한다면 우선 그 세계부터 파괴해야 하는 법. 새는 하느님에게로 향하고. 우리는 그 하느님을 아프락사스Abraxas라고 부른다.'

몇 번에 걸쳐 이 구절을 읽고 나서 나는 깊은 공상에 빠져들었다. 그건 의심의 여지라곤 없이 데미안의 답장이었다. 그 새에 대해 알고 있는 사람은 그와 나 외에는 아무도 없었다. 그는 내 그림을 받았고 그 의미를 이해했으며 나 역시 그 뜻을 깨우칠 수 있도록 애쓴 것이다. 하지만 이 모든 요소의 연결 고리는 대체 무엇이란 말인가? 그리고 무엇보다 나를 신경 쓰이게 한 건 바로 이거였다. '이 아프락사스란 건 무엇을 의미하는가?' 그건 내가 여태 듣지도 읽어보지도 못한 말이었다. '우리는 그 하느님을 아프락사스라고 부른다.'

내 귀에는 수업 내용이 하나도 들어오지 않았다. 오후의 마지막 수업이 바로 다음 시간에 이어졌다. 어느 젊은 보조 교사가 그 수업을 진행했는데 그는 갓 대학을 졸업한 터였다. 아주 젊은 데다 우리 앞에서 쓸데없이 권위를 내세우지 않아 우리는 전부 그를 좋아했다.

우리는 이 폴렌 선생님이 가르쳐주시는 헤로도토스를 학습하는 중이었다. 이 독해 시간은 내가 관심 있어 하는 몇 안 되는 과목들 중 하나였다. 하지만 그날따라 내 마음은 수업과는 동떨어진 먼 곳을 향해 있었다. 앞에 놓인 책을 기계적으로 펼쳐두긴 했지만, 나는 번역된 책의 내용에 집중하지 않았고 대신 나만의 생각에 몰두한 상태였다. 나는 이미 몇 번에 걸쳐 과거 성서 수업 시간에 데미안이 내게 한 말이 맞는지 시험해보았다. 무언가를 강하게 원하면 결국엔 달성할 수 있는 법이었다.

수업 중이라도 생각에 몰두하다 보면 나는 아주 고요한 상태를 유지할 수 있었고 그러면 선생님께서도 굳이 나를 건드리지 않고 내버려두었다. 반면 부주의하거나 잠시라도 졸고 있을 땐 선생님께서 어느새 옆에 와 있곤 했다. 나는 이미 이 모든 현상을 경험한 터였다. 진지하게 생각에 잠겨 몰두하면 보호받았다. 이 외에도 응시하기 기법 역시 시험해보았는데 그것도 나름대로 효과적이었다. 데미안과 함께할 당시에는 제대로 해낸 적이 없었지만, 요즘에 와서는 생각과 강력한 응시만으로도 많은 걸 이뤄낼 수 있음을 잘 알고 있는 터였다.

그렇게 나는 내 자리에 앉은 채 헤로도토스와 학교로부터 아주 멀리 떨어져 있었다. 그런데 불현듯 마치 번개라도 내리꽂히듯 선생님의 음성이 내 의식을 파고들었다. 나는 뛸 듯이 놀라 정신을 차렸다. 선생님의 목소리가 들려왔고 그는 나와 가까운 곳에 서 있었다. 내 생각엔 선생님이 벌써 나를 한 차례 호명한 것 같았지만, 정작 선생님은 내 쪽을 쳐다보지도 않고 있었다. 나는 다시 한 번 심호흡을 했다.

그러던 중 그의 음성이 재차 들려왔다. 그는 큰 소리로 '아프락사스'라고 말하던 중이었다.

나는 이미 폴렌 선생님이 설명하는 내용의 전반부를 놓쳐버린 터였다. 선생님은 다음과 같이 설명을 이어갔다. "우리는 그러한 종파들과 신비로운 고대 사회의 관점을 이성적 관점에서 볼 때 그랬던 것처럼 너무 순수하게만 생각하지 말아야 할 것입니다. 분명 고대에는 오늘날 우리가 학문이라고 하는 개념을 전혀 몰랐죠. 대신 그들은 철학적이고 신비주의적인 진리에 몰두했기 때문에 이 두 분야에서 놀라운 발전을 거두었습니다. 종종 죄와 범죄로 이어지기도 하는 주술 역시 바로 여기에서 파생되었죠. 하지만 이 주술이란 것도 그 기원이 고귀하고 심오한 사고를 바탕으로 합니다. 예를 들어 제가 바로 조금 전에 인용한 아프락사스의 교리만 해도 그렇답니다. 이 이름은 그리스의 주술법과 연관시켜 말하면서 종종 악령의 이름으로 간주되기도 하지요. 일부 미개한 부족들은 아직도 그런 악령을 신봉합니다만……. 하지만 어찌 되었든 아프락사스에는 훨씬 더 심오한 의미가 있습니다. 따라서 우리는 그 이름을 신적인 것과 사악한 것의 화해를 상징하는 하느님으로 볼 수도 있는 깃이죠."

작은 체구의 박식한 그는 열렬하고 지적인 태도로 말을 이어갔지만, 정작 학생들은 그다지 주의를 기울이지 않았다. 교과서에도 그 이름은 다시 언급되지 않았기에 나 역시 다시금 나만의 생각 속을 떠올리기 시작했다.

'신적인 것과 사악한 것의 화해'라는 구절은 내 안에 울림을 일으켰다. 문득 그 연결 고리를 기억해낼 수 있을 것만 같았다. 그러한 관념은 데미안과의 우정이 막바지에 이르렀던 시기에 그가 대화 중에 내게 언급한 바로 그 내용이었다. 당시 데미안이 언급한 바에 따르면 우리에겐 분명 숭배하는 신이 있지만, 그는 의도적으로 분리된 세계의 절반, 그러니까 공인된 '빛의 세계'만 나타낼 따름이었다. 그런데 우리는 이 세계 전체를 숭배할 수 있어야 하므로 악의 성격을 지닌 신을 보유하거나 그게 아니면 신을 추종할 때 악도 함께 추종해야 할 거라는 거였다. 그리하여 마침내 신인 동시에 악이기도 한 아프락사스가 탄생한 것이다.

나는 한동안 이 내용에 대한 실마리를 찾는 데 열중했지만 더 알아낸 건 없었다. 또 아프락사스에 관한 참고 문헌을 찾으려고 도서관을 샅샅이 훑었지만 별다른 성과는 보지 못했다. 하지만 사실 내 경우엔 이런 종류의 직접적이고 의식적인 탐색이 진심으로 내켰던 적은 단 한 번도 없었다. 그런 탐색을 통해 얻는 건 묵직한 진실일 뿐일 테니까 말이다.

한동안 내가 진심을 다해 몰두했던 베아트리체라는 인물은 점차 수면 아래로 가라앉는 중이었다. 그게 아니라면 그 모습은 서서히 내게서 멀어져 점차 수평선 쪽으로 이동하다가 더 옅어져 보이지 않을 만큼 멀리 떨어져버린 것이리라. 그녀는 더 이상 내 영혼의 갈망을 충족시키지 못했다.

몽유병자처럼 살아온 기이하고 위축된 삶 속에서 이제 새로운 이미지 하나가 형태를 갖춰나가고 있었다. 삶에 대한 갈망이 내 안에서 피어나기 시작했고, 사랑에 대한 열망은 더욱 깊어져 갔으며 잠시 베아트리체를 흠모하며 승화시킬 수 있었던 성적 충동은 이제 새로운 이미지와 목표를 필요로 했다. 하지만 이러한 바람은 충족되지 않았을 뿐 아니라 그 열망을 조정하거나 친구들이 즐거움을 위해 만나는 소녀들에게 무언가를 기대하기란 나로선 점점 더 불가능해져만 갔다. 나는 다시금 선명한 꿈을 꾸었고 밤보다 낮에 더 꿈속으로 빠지곤 했다. 또 갖가지 공상과 이미지 혹은 욕구들이 고개 들고 일어나 나를 바깥 세계에서 떼어 놓았다. 자연히 나는 그러한 공상과 꿈, 어둠과 보다 실제적으로 활발히 교류했고 나를 에워싼 실제 세상보다는 그들 가운데 사는 편이었다.

그 무렵 자꾸만 되풀이되는 한 가지 분명한 꿈 혹은 환상이 내겐 특히나 의미심장하게 다가왔다. 이 꿈은 내 인생을 통틀어 가장 중요하면서 오래 지속된 꿈으로 그 패턴은 이랬다. 그러니까 나는 부모님이 계신 집으로 향하는 중이었고, 대문 위 문장의 새는 하늘색 바탕을 배경으로 황금빛으로 어슴푸레 빛나고 있었다. 어머니께서 내 쪽으로 다가오셨지만, 내가 집 안에 발을 들인 후 그녀가 내게 입 맞추려던 찰나 그건 더 이상 어머니가 아닌 한 번도 본 적 없는 키 크고 강인한 형상으로 변해 있었다. 그리고 그 형상은 내가 그린 초상화와 데미안처럼 보이기도 했지만, 어쩐지 그들과 다른 데다 억센 외모에도 불구하고 꽤나 여성적인 분위기를 풍겼다. 불현듯 그 형상이 나를 끌어당기더니 깊고도 오싹한 느낌의 포옹으로 나를 휘감았다. 나는 황홀함과 공포가 뒤섞인 기분을 느꼈다. 그 포옹은 숭배이자 범죄 행위였다. 또 나를 껴안은 그 형상은 어머니와 내 친구 데미안과 연관되어 있는 듯했으며 동시에 모든 면에서 종교적 경외심을 훼손하는 것만 같았다. 하지만 그렇다 하더라도 그 포옹은 내게 더없는 행복감을 선사했다. 이따금씩 나는 황홀함을 느끼며 이 꿈에서 깨어났고, 또 가끔씩은 마치 끔찍한 죄라도 지은 듯 치명적 공포와 극심한 양심의 가책에 시달리며 꿈에서 깨기도 했다.

이처럼 완전한 내적 이미지와 내가 탐구할 하느님에 관해 외부로부터 전달된 '신호' 간의 연계성은 점진적이면서도 무의식적인 방식으로만 구축되었다. 그러고 나서 그 연계는 점점 더 밀접하고 은밀한 성격을 띠게 됨에 따라 그러한 변화가 내 꿈속에서도 느껴지기 시작했으며 나는 어느새 아프락사스를 부르고 있다는 기분이 들었다. 황홀함과 공포, 남성성과 여성성의 혼합, 성스러움과 세속의 얽힘, 가장 유약한 결백을 스치는 깊은 죄책감의 섬광과 같은 것들이 바로 사랑에 관한 내 공상의 본질이었다. 아프락사스가 그러했 듯이 말이다. 이제 사랑은 불안에 떨며 처음 경험했던 어두운 동물 적 충동도 아니요, 내가 베아트리체의 그림에 적용한 종교적으로 승 화된 숭배도 아니었다. 대신 사랑은 그 두 가지를 전부 포함하면서 도 그 외의 수많은 다른 것들을 의미했다. 그러니까 사랑은 천사와 악마, 남성과 여성, 인간과 짐승, 최고선과 최악의 이미지를 모두 지 닌 것이다. 문득 나는 이런 식으로 살아가도록 정해진 것 같다는 생 각이 들었다. 그러니까 바로 이것이 내 운명인 것이다. 나는 운명을 열망하는 동시에 그 앞에서 겁이 났지만, 따로 탈출구는 없었다. 운 명이 늘 끊임없이 내 머리 위를 맴돌았기 때문이다.

봄이 오면 나는 학교를 졸업하고 상급 과정으로 넘어가야 했지 만, 어느 학교로 가서 어떤 학문을 연구할지 결정하지 못하고 있 었다. 내 윗입술 위로 희미하게 콧수염이 난 게 보였다. 나는 다 자 랐지만, 너무도 무력하고 목적의식이라곤 없었다. 그 와중에 단 하 나 끈질기게 붙잡고 있었던 바로 내면의 목소리, 즉 꿈에 나타난 그 이미지였다. 나는 이 환영이 인도하는 방향을 맹목적으로 따라가 야 함을 감지했다. 물론 그 과정은 힘들었고 나는 매일같이 그러한 느낌을 내치려 애썼다. 종종 이런 생각이 들기도 했다. '아마도 난 미 친 걸 거야. 아니, 난 그저 다른 사람들과 좀 다를 뿐이야.' 하지만, 나 역시 다른 사람들이 수행하는 일을 어렵지 않게 해낼 수 있지 않 던가. 조금만 부지런을 떨며 노력하면 나는 《플라톤》도 읽어낼 수 있었고 삼각법이 적용된 문제를 풀거나 화학 분석법도 이해할 수 있었다. 단 한 가지 내가 해낼 수 없었던 건 내 안에 음울하게 숨어 있는 목표를 비틀어 끄집어내 그걸 그림으로 그려보는 거였다. 교사든 판사든, 의사 혹은 예술가가 됐든 어쨌건 자신이 되고자 하는 바를 정확히 아는 사람들이 그렇게 하듯이 말이다. 나로선 꿈을 이루는 그 과정이 얼마나 걸릴지, 그리고 꿈꿔온 미래가 과연 어떠한 희망적인 모습을 내밀지에 관해서도 아는 바가 없었다. 어쨌건 이 부분만큼은 나로선 쉽사리 해낼 수 없었다. 훗날 언젠가 가능하게 될 수도 있겠지만, 거기에 대해서 꼭 그럴 거라는 느낌이 들어야만 하는 걸까? 어쩌면 몇 년 동안 되고자 하는 목표를 찾기만 하다가 끝내 찾지 못할 수도 있었다. 아니면 어떤 목표를 이뤄내더라도 그 결과가 악하고 위험하며 끔찍할 가능성도 있었다.

내가 원한 건 내 안에 자리하고 있는 게 뭐든 그걸 한번 실현해보고 싶을 따름이었다. 대체 그렇게 하는 게 왜 그다지도 힘들었던 걸까?

나는 꿈에서 본 강력한 사랑의 이미지를 자주 그려보려 했지만, 늘 그렇게 하지 못했다. 만일 내가 그 이미지를 제대로 그려냈더라면 아마도 그 그림을 데미안에게 보냈을 터였다. 그는 대체 어디에 있었을까? 모를 일이었다. 내가 유일하게 아는 거라곤 우리 둘의 운명이 밀접하게 연관되어 있다는 거였다. 그나저나 언제쯤 그를 다시 보게 될까?

베아트리체에게 집중했던 몇 주 내지 여러 달 동안 누렸던 기분 좋은 평정심은 물러간 지 오래였다. 당시만 해도 난 천국에 다다라 마침내 평화를 얻었다고 생각했다. 하지만 일은 늘 그런 식으로 흘러갔다. 사실상 어떤 상황도 받아들이긴 힘들어 보였다. 그러고 나서 오래지 않아 기분 좋은 꿈을 꾸긴 했지만 그 꿈은 곧 희미해져버렸다. 그렇다고 아쉬워한들 무슨 소용이랴! 이제 난 내 안에 충족되지 않은 열망의 용광로를 품고 있는 셈이었다. 그리고 그건 팽팽한 기대감이기도 해서 나는 종종 걷잡을 수 없이 화가 나곤 했다. 게다가 꿈에서 본 사랑의 환영이 너무도 사랑스럽고 생생하게 나타나서 나는 그것과 이야기하고 그 앞에서 흐느꼈으며 그것을 저주하곤 했다. 나는 환영과 같은 그 형상을 어머니라고 부르며 그 앞에 무릎 꿇고 앉아 눈물 흘렸다. 나는 또 그것을 악마와 창녀, 흡혈귀, 살인 자라 칭했다. 그러면 그 형상은 다정하기 그지없는 사랑의 꿈, 그리고 아무런 소득도 없는 파렴치한 꿈으로 나를 끌어들였다. 그 어떤 것도 너무 좋고 소중한 건 아니었고 또 그 무엇도 너무 사악하거나 나쁘지 않았다.

그해 겨울 내내 나는 형언하기 힘든 내적 격동의 시간을 보냈다. 이미 오래전부터 외로움에 익숙해져 있던 터라 특별히 답답하지 않았다. 한편 나는 데미안과 매, 그리고 내 운명이자 연인인 꿈속의 커다란 형상에 관한 이미지와 더불어 살고 있었다. 모든 것이 신의 위대함과 우주를 향했으므로 그 이미지는 내 삶의 모든 필요를 충족시켜 주었다. 모든 건 아프락사스를 가리켰던 것이다. 하지만 이러한 꿈속 형상들 중 그 어느 것도 내 뜻대로 되지 않았다. 그 어떤 것도 마음대로 불러내지 못했고 색채를 부여할 수도 없었던 것이다. 대신 나를 쥐고 흔든 것이 바로 그 형상들이었다. 그들은 나를 지배했고 나는 그들이 명하는 대로 살았다.

한편 다른 사람들이 보기에 나는 빈틈없는 사람이었다. 나는 누구도 두렵지 않았다. 이런 사실은 내 동급생들을 보고 알아차린 것인데, 그들은 남몰래 나를 존경하고 있어 종종 나를 미소 짓게 했다. 나는 마음만 먹으면 대다수의 동급생을 꿰뚫어 볼 수 있어서 이따금씩 그들을 놀라게 하곤 했다. 하지만 실제로 그렇게 하고 자 한 적은 거의 없었다. 그도 그럴 것이 나는 오로지 내면의 자아 에 몰두해 있었다. 혹시라도 내가 주어진 시간보다 좀 더 오래 살고 자 한다면 그건 바로 내가 가진 무언가를 세상과 나누기 위해, 그리 고 세상과 싸우며 소통하기 위해서일 것이다. 저녁 무렵 거리를 거 닐다 마음이 동요되어 자정이 다 되도록 귀가하지 못할 때면 이런 기분에 사로잡히곤 했다. '내 사랑하는 연인이 내게로 오고 있어. 다 음 모퉁이에서 마주치겠지. 근처 창문으로 고개를 내밀고 나를 부 를 거야.' 그러다 이따금씩은 그 모든 게 견딜 수 없을 것만 같아 삶 을 끝내야겠다고 다짐하는 거였다.

바로 그 무렵 나는 낯선 피난처 한 군데를 찾았다. 흔히들 우연이 라고 하지만 사실 그런 건 없다고 믿는 편이다. 가령 누군가 무언가 를 간절히 원하던 중 필요한 그것을 찾아낸다면, 그건 그저 우연이 아니라 바로 그 자신이, 그 자신의 열망과 다급함이 그걸 찾도록 해 준 것이다.

당시 마을을 산책하다가 두세 번쯤은 외곽의 어느 작은 교회에 서 흘러나오는 오르간 소리를 들은 적이 있었다. 그걸 듣기 위해 굳 이 걸음을 멈추진 않았지만 말이다. 그러다 그 다음번에 부근을 지 날 때 재차 그 소리가 들리자 나는 그것이 바흐의 곡이란 걸 알아차 렸다. 교회 출입문 쪽으로 다가가 봤지만, 문은 잠겨 있었다. 거리엔 다니는 사람도 거의 없었기 때문에 나는 교회 옆에 있던 연석에 앉 아 코트 깃을 세운 채 오르간 소리에 귀 기울였다. 그건 비교적 작 지만 훌륭한 오르간인 듯했다. 또 독특하면서도 매우 개성 있는 방 식으로 의지와 투지를 표현한 놀라운 연주는 마치 누군가의 기도를 듣는 듯한 기분을 선사했다. 아마도 연주자는 이 곡의 숨은 가치를 아는 사람인 것만 같았다. 그는 가치 있는 그 보물을 구하고자 하며 닫힌 문을 두드리고 그걸 얻기 위해 싸우는 것이다. 자신의 인생도 그렇게 살아가듯이 말이다. 기교적인 면에서 볼 때 음악에 대한 내 지식은 매우 한정되어 있었지만, 영혼을 담은 그런 곡만큼은 어린 시절부터 직관적으로 이해할 수 있었다. 그런 내 능력은 그저 불가피하게 저절로 경험하게 되는 거였다.

이후 오르간 연주자는 좀 더 현대적인 곡을 연주했는데 아마도 막스 레거Max Reger의 곡이었던 것 같다. 어느덧 교회에도 어둠이 내려앉아 아주 가느다란 빛줄기만이 내 바로 옆 창으로 들어왔다. 나는 연주가 끝날 때까지 기다렸다가 오르간 연주자가 모습을 드러낼 때까지 이쪽저쪽을 왔다 갔다 하며 거닐었다. 연주자는 꽤 젊었지만 어쨌건 나보다는 나이 들어보였으며 키가 작고 땅딸막한 체격이었다. 그는 힘차고도 재빨리 몸을 움직였지만 성큼성큼 걷는 모양새가 왠지 마지못해 그러는 듯한 인상을 풍겼다.

이후에도 여러 번 나는 저녁 무렵 그 교회 옆에 앉아 있거나 주변을 이리저리 걸어 다녔다. 그러다 한번은 교회 출입문이 열려 있는 걸 발견하고는 삼십 분가량을 의자에 앉아 시간을 보냈다. 흐릿한 가스 불빛을 조명 삼아 오르간 연주자가 연주하는 곡을 듣고 있자니 추위에 떨긴 했지만 더없이 만족스러운 기분이 들었다. 내가 감상한 건 비단 그가 연주한 곡뿐만이 아니었다. 그가 연주한 모든 곡은 서로 연관된 것 같아서 그 어떤 비밀스러운 연결 고리가 있는 듯했다. 곡들은 하나같이 종교적이고 성스러우며 경건했지만, 그렇다고 해서 교회 신도들이나 목사님들에게서 엿보이는 그런 경건함이 아니었다. 그것은 중세 순례자와 탁발 수도사들이 지닌 경건함으로 모든 지식을 초월하는 보편성 앞에서 자신의 안위를 흔쾌히 포기해버리는 것이었다. 오르간 연주자는 바흐 이전의 거장들과 이탈리아의 옛 거장들의 곡을 연주했다. 그 곡들은 전부 동일한 메시지를 전달했고, 하나같이 음악가의 영혼을 속속들이 표현하고 있었다. 열망과 세상에 대한 내적 이해, 그리고 세상으로부터의 치열한 분리, 영혼 깊숙한 곳을 향한 열렬한 귀 기울이기, 종교적 헌신에 대한 도취, 그리고 기적에 대한 깊은 호기심이 바로 그것이었다.

한번은 교회에서 바깥으로 나서는 오르간 연주자를 몰래 뒤쫓다가 그가 마을 외곽에 자리한 작은 선술집으로 들어가는 걸 보았다. 나는 그를 따라 들어가고 싶어 견딜 수가 없었다. 결국 그를 따라 술집으로 들어간 나는 처음으로 그를 자세히 살펴볼 수 있었다. 그는 술집 한쪽 구석에 있는 탁자에 앉아 있었는데, 검은색 중절모를 눌러쓴 채 자기 앞에 와인 한 병을 세워둔 모습이었다. 그리고 그의 얼굴은 내 예상과 맞아떨어졌다. 그러니까 그는 추남인 데다 다소 험악하고 집요하며 변덕스러우면서 고집스럽고 완고해 보였던 것이다. 한편 오르간 연주자의 입은 부드러우면서도 어린아이 같은 면이 있었다. 그러니까 그의 경우에 남성성과 강인함은 죄다 눈과 이마 쪽에 깃든 반면 얼굴 아래쪽은 부드럽고 미성숙하며 우유부단한 데다 여성적인 분위기까지 어느 정도 풍기는 편이었다. 결단력이 부족해 보이는 턱은 마치 소년 같아서 이마나 표정에 드러난 분위기와는 대조를 이뤘다. 그의 얼굴 중에서도 내가 특히 마음에 들어 한 부분은 자부심과 적의로 가득 찬 그의 진갈색 눈동자였다.

나는 별다른 말 없이 그의 맞은편에 앉았다. 그 술집에 우리 말고 다른 손님은 없었다. 그는 나를 쫓아내려는 듯이 쏘아봤다. 나는 잠자코 있다가 그가 짜증 섞인 투로 이렇게 외칠 때까지 그를 똑바로 응시했다. "왜 그렇게 집요하게 쳐다보는 거요? 내게 뭘 바라시나?"

"바라는 건 없습니다." 그의 물음에 내가 입을 열었다. "이미 많은 걸 배운걸요."

그는 이맛살을 찌푸렸다.

"이 분야의 열혈 팬인가? 음악에 미친다는 건 꼴사나운 일인데."

하지만 퉁명스러운 그의 대꾸에도 나는 쉽사리 기죽지 않았다.

"저쪽 교회에서 연주하시는 걸 자주 들었답니다." 내가 입을 열었다. "성가시게 하진 않을게요. 그냥 선생님껜 뭔가 특별한 점이 있을 것 같아서 한번 알아보고 싶었습니다. 그게 뭔지는 잘 모르겠지만요. 아, 이런 말 따윈 차라리 안 들으시는 편이 나을 수도 있겠군요! 그래도 전 언제든 저 교회에서 선생님의 연주를 들을 수 있으니까요."

"그런데 교회 문은 늘 잠그는데 말이야."

"아, 최근 들어선 잠그는 걸 잊으신 모양입니다. 그래서 안으로 들어가 앉아 있었어요. 그렇지 않았다면 바깥에 서 있거나 교회 옆 연석에 앉아야 했겠지요."

"아, 그렇담 다음번엔 안으로 들어오시오. 좀 더 따뜻할 테니. 그냥 문을 두드리면 될 거요. 세게 두드리라고. 내가 연주할 땐 두드리지 말고. 자, 그럼. 아깐 무슨 말을 하려 한 거요? 아직 어려 보이는데. 고등학생이거나 대학생 같아 보이는군. 아니면 음악가요?"

"아니, 그렇지 않습니다. 전 음악 듣는 걸 즐기죠. 하지만 그것도 선생님께서 연주하신 그런 순수 음악에만 해당하는 말이랍니다. 마치 누군가 천국과 지옥을 온통 흔들어놓는 듯한 느낌을 주는 그런 음악 말이죠. 제가 음악을 좋아하는 건 음악엔 특별히 도덕관념이 적용되지 않아서 그런 것 같습니다. 음악 말고 그 나머지는 죄다 도덕적인데, 전 뭔가 그렇지 않은 걸 찾는 편이죠. 도덕적인 건 늘 좀처럼 견디기 힘들더군요. 글쎄요, 사실 어떻게 말해야 할지 잘 모르겠습니다만. 혹시 신인 동시에 악마인 신이 존재한다는 사실을 알고 계시나요? 전 그런 존재가 있다고 들었답니다."

내 앞의 음악가는 머리에 쓴 모자를 뒤로 젖히고 이마에 붙은 머리칼을 뒤로 넘기며 나를 뚫어져라 쳐다보더니 내 쪽으로 몸을 기울였다.

그는 점잖지만 잔뜩 기대에 찬 목소리로 이렇게 물었다. "방금 말한 신의 이름이 뭐요?"

"유감스럽게도 사실상 그 신에 대해선 아는 게 없습니다. 간신히 그 이름만 알 따름이죠. 그 신은 아프락사스라고 합니다."

음악가는 누군가 우리 이야기를 엿듣기라도 하듯 다소 미심쩍은 눈초리로 주변을 훑어보았다. 그러더니 그는 내 쪽으로 잔뜩 몸을 숙이고 이렇게 속삭였다. "아무래도 그럴 것 같았지. 당신은 대체 누구요?"

"전 고등학교에 다니는 학생입니다."

"아프락사스에 대해선 어떻게 알게 된 거지?"

"그냥 우연한 기회에 듣게 된 거죠."

그가 탁자를 갑자기 내리치는 바람에 그의 잔에서 와인이 흘러

내렸다.

"쓸데없는 소리 집어치우게, 젊은 친구. 잘 들어두라고. 아프락사스는 우연히 알게 되는 존재가 아니야. 그에 관해 좀 더 이야기해주겠네. 내가 좀 알거든."

말을 마친 그는 의자를 뒤로 밀었다. 내가 잔뜩 기대에 찬 표정으로 쳐다보자 그는 얼굴을 찌푸렸다.

"여기서 말고! 다음번에 말이오. 다음번에 여기서 알려주도록 하지. 자, 이거 좀 먹어봐요."

그는 입고 있던 외투 주머니를 뒤져 군밤을 몇 개 끄집어내더니 내 쪽으로 던졌다.

나는 말없이 밤을 받아들고 맛을 봤다. 기분이 아주 좋았다.

잠시 후 그가 속삭이듯 말을 걸어왔다. "자, 그럼 한번 말해보시오. 그에 관해선 어떻게 알게 된 거요?"

나는 망설임 없이 그간의 사연을 털어놓았다.

"당시 전 아주 외로웠고 절망에 빠져 있었답니다." 내가 말문을 열었다. "그러던 차에 어릴 적 친구 하나가 떠올랐죠. 제가 보기에 그는 자신을 아주 잘 파악한 사람이었거든요. 여하튼 전 그림을 하나 그려봤답니다. 지구를 막 빠져나오려는 새를 그려서 친구에게 보냈어요. 그리고 시간이 흘러 그 일에 관해선 아예 잊고 있었는데 종이쪽지 한 장을 받았습니다. 거기엔 이런 말이 적혀 있었어요. '새는 치열하게 알을 깨고 나오나니. 그 알은 곧 세계일지어다. 누구든 태어나고자 한다면 우선 그 세계부터 파괴해야 하는 법. 새는 하느님에게로 향하고. 우리는 그 하느님을 아프락사스라고 부른다.'"

그는 대답이 없었다. 우리는 밤껍질을 까서 안주 삼아 와인과 함께 먹었다.

"한 잔 더 하겠소?"라고 그가 물었다.

"아뇨, 전 애주가는 아니라서요."

그는 살짝 실망한 듯 너털웃음을 터뜨렸다.

"좋으실 대로! 나랑은 딴판이시군. 난 여기 좀 더 있겠소. 그럼 이제 가보시오!"

그 다음번에 오르간 연주가 끝나고 나서 우리가 만났을 땐 그는 그리 말을 많이 하지 않았다. 그를 따라 오래된 골목길을 지나 계단을 올라갔더니 위풍당당한 고택이 모습을 드러냈다. 우리는 다소 어둑어둑하고 오래 방치된 듯한 커다란 방으로 들어섰다. 그 방엔 피아노를 제외하면 음악과 관련된 물건이 하나도 없었다. 대신 대형 책꽂이와 책상이 학구적인 분위기를 자아내고 있었다.

"책이 정말 많군요."

"아버지 서재에서 가져온 책들도 좀 섞여 있지. 아버지랑 같이 산다오. 아, 그래요. 난 부모님과 같이 살지. 그래도 당장 소개해줄 순 없소. 내 사교 생활은 이 집에서 그다지 존중받지 못하니까 말이오. 알다시피 난 탕아라고 할 수 있소. 아버지께선 마을에서 아주 존경받고 권위 있는 신부이자 설교자요. 참고로 난 그분의 재능 있고 전도유망한 아들이지만 한때 길을 잃고 헤매다 미치광이가 될 지경까지 갔다오. 난 신학도였지만 국가고시를 코앞에 두고 그 고매한 학부를 관둬버렸지. 그래도 내 개인적 연구를 두고 말하자면 난 아직도 그 분야에 관심이 있는 편이오. 예전에 사람들이 스스로 어떤 신들을 만들어낸 건지 알아보는 일은 꽤나 중요하고 매력적인 연구에 속한다고. 여하튼 난 지금 음악가로 살고 있고 이제 곧 정식

오르간 연주자로 지목될 것 같소. 그러면 다시 교회로 돌아가게 될 거요."

작은 책상 스탠드 불빛에 의지해 책등을 대충 훑어보니 책 제목이 그리스어, 라틴어, 히브리어로 된 책들도 꽤 눈에 띄었다. 그 와중에 음악가는 주변이 어둑어둑한 가운데 바닥에 누워 무언가를 하느라 바빠 보였다.

"이리 와보시오." 잠시 후 그가 나를 불렀다. "이제 철학적인 활동을 좀 해보자고. 그러니까 말은 그만하고 바닥에 엎드려 사색에 잠겨보자는 거지."

그는 성냥을 긋더니 바로 앞 벽난로 안쪽에 있던 종이와 땔감에 불을 붙였다. 불길이 높게 타오르자 그는 지나치다 싶을 정도로 세심하게 불을 살폈다. 나는 그의 옆으로 가 낡은 카펫 위에 엎드렸다. 그는 불꽃을 응시했고 나 역시 그 불꽃에 매료되었다. 우리는 한참 동안 타들어 가는 장작불 앞에 배를 깔고 누운 채 치솟았다 가라앉고 흔들리며 타들어가길 반복하다가 마침내 꺼져가는 벽난로 속 불꽃을 바라보았다.

"불을 숭배하는 게 인간이 지어낸 것 중에 가장 바보 같은 거라곤 할 수 없지." 그는 혼잣말로 이렇게 중얼거렸다. 그러고 나서는 우리 둘 다 말이 없었다. 그렇게 나는 타오르는 불길을 뚫어져라 응시하며 고요한 몽상에 잠긴 채 연기 속에서 피어오르는 형상들과 흩날리는 재들이 만들어낸 그림을 보았다. 한번은 나도 모르게 깜짝 놀라기도 했는데, 그건 바로 내 옆에 있던 음악가가 벌겋게 치솟는 불길 속으로 송진을 던져 넣었을 때였다. 그 순간 작고 가느다란 불길이 갑자기 솟아오르더니 그 안에서 불현듯 황금빛 매의 머리가

보이는 것이었다. 그러다 불길이 차츰 사그라지자 그 안에서는 황
금빛 불꽃 가닥들이 그물망을 이루고 알파벳 글자와 그림이 나타
났으며 누군가의 얼굴들과 동식물, 벌레와 뱀이 희미하게 보이는 듯
했다. 정신을 차리고 몽상에서 깨어나 곁에 있던 친구를 쳐다봤더
니 그는 두 주먹으로 턱을 괸 채 이글거리는 눈빛으로 잿더미를 응
시하고 있었다.

"이제 가봐야겠어요"라고 나는 중얼거리듯 말했다.

"그래요, 가보시오. 잘 가요 그럼!"

그는 굳이 일어서지 않았고 스탠드마저 꺼져 있었기 때문에 나
는 더듬거리며 어두운 방과 복도를 지나 음침한 고택을 빠져나와야
했다. 바깥으로 나온 나는 그 자리에 선 채로 고택을 올려다보았다.
불이 밝혀진 창은 하나도 없었다. 현관의 작은 황동 문패가 가스등
의 불빛을 받아 희미하게 번득였다. 가까이 다가가서 보니 문패에는
'피스토리우스 신부'라는 호칭이 적혀 있었다.

집으로 돌아와 저녁 식사를 마친 후 자그마한 내 방에 앉고 나서
야 음악가로부터 아프락사스나 피스토리우스에 대해 한마디도 못
들었으며 우리가 몇 마디 나누지도 못하고 헤어졌다는 사실을 깨달
았다. 하지만 난 그의 집에 가볼 수 있어 너무도 만족스러웠다. 그는
다음번엔 정교한 고대 오르간 음악, 그러니까 북스테후데Buxtehude
의 〈파사칼리아〉를 연주해주겠노라고 약속했다.

미처 깨닫지 못하는 사이 오르간 연주자 피스토리우스는 내게
첫 가르침을 주었다. 그건 바로 그의 은신처에서 벽난로를 앞에 두
고 내가 그의 옆에 누워 있을 당시에 벌어진 일이었다. 벽난로 속에
서 타오르는 불길을 응시한 건 내게 긍정적으로 작용했다. 그러니

까 그러한 행위로 인해 늘 내 안에 있었지만 단 한 번도 제대로 돌보지 못했던 특정 성향들이 강화되고 확실시되었던 것이다. 나는 그러한 성향을 점차 이해해나가기 시작했다.

어렸을 적에도 난 종종 자연 속 기이한 형태를 관찰하는 것이 좋았다. 사실 그러한 형태를 살핀다기보다 그들이 부리는 마법과 그들이 보내는 완곡한 메시지에 몰두한다고 해야 맞을 것이다. 갈탄화된 기다란 나무뿌리들, 바위에 생긴 색깔 있는 줄무늬, 물 위에 떠다니는 기름 자국들, 유리 위의 흠집들……. 그 모든 것들이 내겐 나름의 매력으로 다가왔다. 물과 불, 연기, 구름, 먼지는 물론이고 눈을 감으면 내 앞에서 헤엄치듯 빙빙 도는 알록달록한 반점들이 특별히 더 그랬다. 피스토리우스의 거처에 처음 다녀온 뒤로 어릴 적의 그런 버릇들이 죄다 다시 떠오르기 시작했다. 나중에야 제대로 인식하긴 했지만, 그의 집에서 벽난로 불길을 오래도록 응시하고 나서부턴 새롭게 힘이 솟고 기분이 유쾌해졌으며 감정이 극대화되었다. 정말이지 그 시간은 놀랍도록 위로가 되면서도 보상받는 듯한 순간이었다.

지금까지 인생을 살아오며 겪은 몇 가지 인상 깊은 경험에다 이젠 이 일까지 새롭게 추가된 셈이었다. 내가 언급한 이미지들을 자세히 바라보며 자연의 기이하고 부조리한 형상들에 몰두하다 보면 우리 내면의 자아와 그러한 형상들을 관장하는 의지가 조화를 이룬다는 느낌이 들곤 한다. 그러다 보면 우리는 오래지 않아 그러한 느낌을 우리 스스로 만들어낸 자신의 기분으로 여기고 싶어짐을 인식하게 된다. 그러니까 우리 자신과 자연 사이의 경계가 떨리듯 흔들리다 녹아 사라지는 걸 보고 있노라면 우리의 신체적 특징

들이 외부에서 받은 영향으로 인해 도출된 것인지 아니면 우리 내부에서 배어 나오는 것인지 판가름할 수 없다는 생각이 들곤 한다. 알고 보면 우리가 얼마나 창의적이며, 지속적으로 창조되는 세상에 우리의 영혼이 얼마나 가담하고 있는지 알아보는 방법 중에서도 이것만큼 간단한 건 없다. 나아가 우리의 내면은 물론 자연 속에서도 살아 움직이는 이 같은 불가분의 신성으로 인해 설령 외부 세계가 파괴된다고 하더라도 우리 각자는 그걸 다시 구축해낼 수 있는 것이다. 산과 개울, 나무와 나뭇잎, 뿌리와 꽃을 비롯한 자연의 모든 형상도 우리 안에서 울리는 동시에 영원하면서도 감춰진 존재의 영혼에서 비롯된다. 또 그러한 존재는 감춰진 듯하지만 대부분 사랑과 창조의 힘을 통해 우리 앞에 모습을 드러내게 마련이다.

수년 후에야 나는 이러한 관점을 레오나르도 다빈치의 저서에서 확인할 수 있었다. 언젠가 그는 사람들이 뱉은 침으로 얼룩진 벽을 응시하는 일이 얼마나 근사하고 감동적인지 언급한 바 있다. 침으로 더럽혀지고 축축해진 벽을 마주한 그가 느낀 감정은 아마도 타오르는 불길 앞에서 피스토리우스와 내가 느낀 그것과 동일했으리라.

그러고 나서 다음번에 오르간 연주자를 만났을 땐 그가 내게 이런 설명을 해주었다. "우린 늘 각자의 개성을 너무 좁은 범위로 한정시키는 경향이 있지. 그러니까 개인적으로 남다르게 경험한 바나 다르다고 인식한 것들만 개성으로 치부한다고. 사실 우리는 모두 제각기 세계의 전체 구성 성분으로 이루어져 있어. 우리 한 사람 한 사람이 말이지. 또 우리의 신체가 물고기 이전 시기에서부터 시작해 다양한 진화의 단계를 품은 것처럼 우리의 영혼은 인간이 마음에 지녀온 그 모든 것들을 담고 있다고. 그러니까 그리스든 중국이든 혹은 줄루족이든 다양한 곳에서 유래된 온갖 신들과 악마들이 전부 우리 안에 살며 가능성과 소망, 탈출구로 존재하는 거야. 만일 인류의 개체 수가 점점 줄어들어 교육도 받지 못한 단 한 명의 미숙한 어린아이만이 남는다면, 결국엔 이 아이가 진화의 전 과정을 재발견하는 건 물론이고 신과 악마, 천국, 율법과 금기 항목, 구약과 신약 성서를 비롯해 모든 걸 만들어낼 거요."

"네, 다 좋아요"라고 내가 끼어들었다. "그런데 그렇게 되면 개인의 가치는 어떻게 되나요? 이미 우리 안에서 모든 게 이루어진 상태라면 어째서 우린 여전히 고군분투하는 거죠?"

"잠시만 멈춰보시오!" 피스토리우스가 급히 외쳤다. "이 세계를 당신 안에 그저 품고 있는 것과 그러한 사실을 의식한다는 건 아주 다른 문제요. 미치광이도 플라톤의 정신이 깃든 사상을 창출해낼 수 있고, 신앙심 깊은 젊은 신학도 역시 그노시스파나 조로아스터교에 적용된 심오한 신화적 연결 고리에 대해 고찰할 수 있는 법이라오. 하지만 그는 사실상 그러한 문제에 관해 아는 게 없지. 또 그렇게 마냥 무지하다면 그는 나무나 돌과 다름없다고 봐야지. 아무리 잘 봐준다 해도 기껏해야 동물 정도 수준일 거고. 하지만 일단 그러한 문제를 처음 의식하게 되는 순간 그는 진정한 인간이 된다오. 혹시 당신도 길거리에 다니는 두 발 동물들이 죄다 사람이라고 생각하는 건 아니겠지. 그저 직립 보행을 하고 아홉 달 동안 배 속에 아기를 품는다고 해서 전부 사람은 아닌 게야. 그들 중에는 한낱 물고기나 양, 벌레나 개미도 많다는 걸 당신 역시 알지 않소. 물론 그들에겐 인간으로서의 잠재력이 있지만, 그건 스스로 그 잠재력을 인식하고 그것을 의식의 일부로 전환시킬 수 있을 때만 해당하는 말이지. 그때서야 비로소 그는 그 잠재력을 지녔다고 할 수 있어."

우리가 나눈 대화의 분위기는 대충 이랬다. 그런가 하면 그와의 대화를 통해 완전히 새로운 사실을 알게 되었다거나 엄청나게 놀랐던 적은 거의 없었다. 하지만 가장 진부한 내용까지도 하나같이 내 안의 어떤 지점을 가볍게, 그러나 끊임없이 두드려 댔다. 그와의 대화는 나를 형성하고 여러 겹의 껍질을 벗도록, 알을 깨고 나올 수 있게 나를 도왔다. 또 매 단계를 통과해 나올 때마다 나는 자유라는 근사한 기분을 느끼며 더 빳빳이 고개를 들었다. 나만의 황금빛 새가 지구라는 껍데기를 깨고 멋진 맹금류의 머리를 내밀 때까지 말이다.

우린 자주 서로의 꿈에 대해 이야기했고 그때마다 피스토리우스는 나름의 해몽을 들려주었다. 그중에서도 아주 놀라웠던 해몽 하나는 지금까지도 내 기억에 남아 있다. 그러니까 한번은 내가 날 수 있는 꿈을 꾸었는데, 꿈속에서 난 공중으로 내던져질 뿐 그 상황을 마음대로 조종할 수는 없었다. 나는 그렇게 날 수 있어 아주 신이 났지만, 속수무책으로 아주 높이 내던져지는 나 자신을 보고 나니 불현듯 공포심이 밀려들었다. 그러다 어느 순간 숨을 참거나 내쉬면 비행의 높낮이 조절이 가능하다는 사실을 발견하고는 마음이 놓이는 것이었다.

피스토리우스는 내 꿈을 이렇게 해석했다. "자넬 날 수 있도록 한 그 추진력은 인류의 훌륭한 자산일세. 누구나 그걸 지니고 있어. 그건 모든 힘의 원천과 연결되어 있다는 느낌일 거야. 하지만 그건 너무 위험하기도 해서 우린 겁에 질리기도 하네. 이 때문에 대다수의 사람은 아예 난다는 생각을 버리고 잠자코 인도로 걸어 다니며 법을 준수하지. 그런데, 자넨 그런 부류가 아니야. 자넨 주관이 뚜렷한 사람들이 그렇듯 더 높은 포부를 지녔지. 자, 한번 보게나! 자넨 기적과 같은 일을 경험했지. 점차 상황을 조종할 수 있게 된 거야. 그래서 자넬 휙 들어 올린 저 위대한 보편적 힘에 진로를 조종하는 부품과 같은 섬세하고 절묘한 힘을 보탠 거라네. 정말이지 멋진 일이야. 그렇지 않았더라면 속수무책으로 멀리 날아가버렸겠지. 미치광이들처럼 말이야. 그들은 저 거리의 사람들에 비해 더 심오한 예감을 지녔지만, 조종키나 열쇠가 없어 심연에서 빙빙 돌 따름이지. 하지만 싱클레어, 자넨 그렇지 않잖아! 상황을 조종할 수 있다고. 그래, 어떤가? 아직 잘 실감이 나지 않는 것 같군, 그렇지? 자넨 호흡조절이라는 새로운 기관을 활용하는 셈이야. 그것만 봐도 깊숙이 파고 들어가보면 자네 영혼이 얼마나 비인격적인지 알 수 있지. 자네 영혼은 호흡이라는 이 조절 장치를 인식하지 못하지만, 사실 따지고 보면 그건 아예 새로운 장치가 아니라네. 그건 우리가 빌려 온 것이고, 알고 보면 수천 년 동안 존재해왔어. 그러니까 그건 바로 물고기의 평형감각을 주관하는 부레라는 거지. 사실 우리에겐 낯설고 원시적인 물고기가 몇 종 되는데 이들의 부레는 이따금 폐의 기능도 한다는 거야. 바로 이 폐는 자네가 꿈속에서 날 때 활용한 폐와 아주 많이 닮았다네."

오르간 연주자는 급기야 동물학 도감까지 가져와 고대어의 이름과 삽화를 확인시켜주었다. 순간 기이한 전율이 일어남과 동시에 진화의 초기 단계에 존재했던 기능이 내 안에도 자리함을 인식했다.

6

야곱과 천사

괴짜 음악가에게서 듣게 된 아프락사스에 관한 내용은 간단히 설명하기 어렵다. 여하튼 가장 중요한 건 그와의 대화를 통해 내가 자기 이해를 향한 여정에서 한 걸음 더 전진했다는 거였다. 당시의 나로 말하자면 나는 그야말로 별난 청년이었다. 나는 열여덟 살로 다방면에서 조숙한 동시에 또 다른 여러 방면에서는 미성숙하기 그지없었다. 그래서 이따금 나 자신을 다른 이들과 비교할 때면 오만해지고 우쭐대다가도 종종 우울해하거나 수치심에 휩싸이곤 했다. 그런가 하면 나는 수시로 나를 천재라고 여겼지만, 한편으론 절반쯤 미치광이 같다고 생각할 때도 많았다. 게다가 또래들의 삶과 오락에도 쉽사리 동참하지 못했으며 자책과 불안에 사로잡히곤 했다. 마치 아무런 희망이 없는 데다 삶마저 허락되지 않은 것처럼 말이다.

괴짜 기질이 있는 성인이었던 피스토리우스는 용기와 자존감을 어떻게 지켜내야 하는지에 관해 내게 알려주었다. 그는 늘 내가 한 말과 내가 꾼 꿈, 그리고 내가 품었던 공상들 가운데서 가치 있는

부분을 포착해 그걸 아주 진지하게 받아들이고 거기에 대해 논의
함으로써 내게 모범을 보였다.

"일전에 음악은 도덕성과 관련이 없기에 음악을 좋아한다고 한
것 같은데"라고 그가 입을 열었다. "뭐, 나도 그렇게 보긴 하지만, 그
렇다고 해서 굳이 도덕주의자로 변모하진 않도록 주의해야 할 거
요! 또 자신과 다른 사람들을 비교해선 안 된다오. 자연이 당신을
박쥐의 모습으로 빚어냈다면 당신은 타조가 되고자 해선 안 된단
말이지. 자신이 대다수의 사람과 다른 길을 가니 종종 자신이 별난
놈인 것 같을 거야. 하지만 그런 생각일랑 품지 마시오. 불길 속을
들여다보고 구름 안쪽을 응시해봐요. 그러다 예감이 찾아들고 자
네 안의 목소리가 말을 하기 시작하면 거기에 몰입해보게나. 또 내
가 하는 일이 선생님이나 아버지, 혹은 이 신이나 저 신의 뜻에 부
합하는 건지 묻지 않도록 하시오. 그게 바로 자멸에 빠지는 길이니
까. 그리고 그런 식으로 인도를 걷게 되면 결국 화석이 되고 말 거
요. 싱클레어, 우리의 신은 아프락사스이고 그는 신인 동시에 악마
요. 빛의 세계와 어둠의 세계도 모두 품고 있어. 아프락사스는 자네
의 생각이나 꿈에 전혀 반대하지 않아. 항상 그걸 기억하라고. 그
렇다 하더라도 일단 자네가 흠잡을 데 없이 정상인으로 탈바꿈하
면 아프락사스는 자넬 버리고 떠나겠지. 자신의 사상을 들이부을
새로운 그릇을 모색하면서 말이야."

그간 내가 꾼 꿈들 중에서도 가장 끊임없이 거듭된 건 바로 그
음울한 사랑에 관한 꿈이었다. 꿈속에서 나는 늘 문장의 새를 지나
예전 우리 집으로 들어간다. 그리고 어머니께 다가가 껴안으려 하
지만 그녀는 불현듯 키가 아주 큰 데다 절반은 남성이고 절반은 모성

이 느껴지는 여성으로 변해버린다. 그러면 나는 경외심에 휩싸이고 그 존재에게 강하게 끌리는 것이었다. 어쨌건 이 꿈만큼은 친구에게도 이야기할 수 없었다. 나머지 모든 것에 관해서는 죄다 털어놓더라도 그것만은 남몰래 간직한 것이다. 그 꿈은 나만이 아는 구석진 곳이자 비밀, 그리고 탈출구였다.

우울한 기분이 들 때면 나는 피스토리우스를 찾아가 북스테후데의 〈파사칼리아〉를 연주해달라고 청했다. 그런 다음 나는 저녁 무렵의 어둑어둑한 교회에 앉아 이 기묘하면서도 그 자체로 존재 가치가 있는 자족적인 음악에 빠져드는 것이었다. 그 곡은 듣기에 좋았을 뿐 아니라 그로 인해 난 내 내면의 목소리에 더욱 귀 기울일 줄 알게 되었다. 이따금 우리는 그가 오르간 연주를 마친 후에도 한참을 교회에 앉아 고딕 양식 창문으로 희미하게 햇빛이 비쳐들고 사라지는 걸 바라보곤 했다.

"내가 한때 신학도였고 거의 신부가 될 뻔했다는 게 신기하군." 피스토리우스가 말문을 열었다. "하지만 당시 난 실수를 저지른 거야. 사실 내가 지향한 천직은 사제였다네. 난 인생의 너무 초기에 자족해버렸고 여호와의 처분에 나를 맡겨버렸지. 미처 아프락사스를 알기도 전에 말이야. 사실 모든 종교는 나름의 아름다움을 지니고 있다네. 종교는 영혼이야. 기독교 성찬식에 참여하든 메카로 순례를 떠나든 간에 그건 다 마찬가지지."

"그럼 사제가 될 수도 있었겠네요."

"그렇지 않아, 싱클레어. 그랬다면 나 자신에게 진실하지 못했을 거요. 요즘은 종교라는 게 아주 진부해져버렸소. 더 이상 종교가 아니라 순전히 지적인 문제로 탈바꿈해버렸단 말이지. 내가 천주교도가 될 순 있었을지 몰라도 개신교 성직자라면 말도 안 될 일이지. 그럴 일은 없을 거야, 절대! 나도 몇 사람 알고 있긴 하지만 얼마 안 되는 진실한 신자들은 성서에 기록된 말씀을 철저히 믿는 편이지. 그런 사람들에다 대고 내가 아는 한 그리스도는 사람이라기보다 영웅이자 신화이며 영원이라는 벽에 투시된 거대한 그림자 상과 같은 존재로 인간들은 그 상에서 자신의 모습을 보는 법이라고 말할 순 없지 않겠나. 또 어떤 이들은 고상한 설교를 듣기 위해서, 혹은 모든 면에서 마땅히 해야 할 의무를 다하려고 교회를 찾곤 하지. 그럼 그들에겐 내가 뭐라고 해 줘야 하지? 그들을 개종시켜야 한다고 생각하는 건가? 난 전혀 그럴 생각이 없네. 사제라면 개종시키길 원치 않을 거야. 그는 그저 신자들과 더불어 살아가며 신이 창출되기도 하는 인간의 감정을 표현해내는 수단이 되고자 할 뿐이지."

그는 잠시 말을 멈추더니 다시 이야기를 이어갔다. "우리가 아프락사스라 칭하는 우리의 새로운 믿음은 아주 근사하다오, 친구. 그것이야말로 우리가 가진 최상의 신앙이겠지만 그래도 아직은 젖을 떼지 못한 젖먹이와 같은 상태거든! 아직은 날개도 채 다 자라지 않았단 말이지. 안타깝게도 나 홀로 믿는 종교는 진정한 종교로 볼 수 없다오. 진정한 종교가 되려면 우선 공동으로 즐길 수 있어야 하고 추종하고 열광할 수 있어야 하며 축일과 비밀스러운 종교 의식도 마련해야 하는 법이지……."

그는 잠시 생각에 잠긴 듯했다.

"혼자서는 비밀스러운 의식을 치를 수 없나요? 아니면 아주 제한된 범위에서 그렇게 하는 건 어떤가요?" 나는 머뭇거리며 질문을 던졌다.

"충분히 그럴 수 있지." 그는 고개를 끄덕여 보였다. "나만 해도 벌써 오랫동안 그렇게 해오고 있소. 알려지는 날엔 몇 년을 감옥에서 썩어야 할 만한 의식을 치러왔지. 그래도 아직은 그것이 제대로 된 종교가 아니란 걸 알고 있다오."

갑자기 그가 내 어깨를 찰싹 때리는 바람에 나는 몸을 움찔했다. "이봐, 젊은이." 그가 진지하게 말했다. "자넨 자네만의 비밀스러운 의식이 있지. 내게 말하지 않은 꿈이 있다는 것도 알아. 굳이 알고 싶진 않지만, 이렇게 말해두겠네. 자네의 그 꿈들을 살아보라고 말이야. 실제로 그 꿈들을 펼치고 그걸 위한 제단을 세워봐! 그렇게 해보는 게 전적인 해결책은 못 되더라도 하나의 방편은 될 걸세. 시간이 지나봐야 알게 되겠지. 자네나 나, 그리고 소수의 어떤 이들이 이 세상을 새롭게 할 건지 말이야. 하지만 우린 어쨌든 매일같이 우리 내면에서나마 그걸 새롭게 해야 한다네. 만일 그렇지 못하면 그거야말로 끔찍한 일이 아니겠나. 한번 생각해보라고! 자넨 열여덟 살이고 거리의 여자들을 쫓진 않지. 자네도 사랑에 대해 꿈꾸는 바와 소망하는 바가 있겠지. 그리고 그런 것들로 인해 겁을 집어먹을지도 모르지. 하지만 두려워하지 말게나! 그거야말로 자네가 가진 최상의 것이니까 말일세. 내 말을 믿어도 좋아. 난 꼭 자네 나이였을 때 내 사랑의 꿈들을 무시해버려서 많은 걸 잃었다네. 자넨 그러지 말게. 아프락사스를 아는 만큼 그렇게 행동하진 말라고. 우리 영혼이 갈망하는 거라면 뭐든 두려워 말고 금지된 걸로 여기지도 말란 말일세."

어안이 벙벙해진 나는 불쑥 이렇게 끼어들었다. "하지만 머리에 떠오른 생각이라고 해서 죄다 실행에 옮길 순 없는 노릇이잖아요.

또 누군가 내게 적대적이라고 해서 그를 죽일 순 없지 않습니까."

그는 내게 좀 더 가까이 다가왔다.

"상황에 따라선 그럴 수도 있겠지. 하지만 그렇게 한다면 대개는 실수로 끝날 걸세. 마음속에 떠오르는 생각이라고 해서 죄다 실행에 옮기란 말은 아니라고. 그래, 그건 아니지. 그렇다고는 하지만 어쨌든 좋은 측면도 가지고 있는 생각들을 무턱대고 거부하거나 거기에 대해 단순히 설교를 늘어놓음으로써 망쳐놓진 말아야 할 거야. 자네 자신이나 다른 누구를 십자가에 못 박는 대신 성배 속 포도주를 마시며 제물을 바치는 신비로운 의식에 대해 고려해볼 수 있겠지. 또 이 모든 의식을 치르지 않는다고 해도 자신의 욕구와 마음속에 이는 유혹들을 사랑과 존중으로 대할 수 있다오. 그러면 그 욕구와 유혹의 마음은 나름의 의미를 드러내게 되어 있지. 그래요, 전부 나름의 의미가 있는 법이라오. 그러니 다음번에 언젠가 말도 안되게 나쁜 생각이 떠올라 누군가를 살해하거나 극악무도한 범죄를 저지를 것 같은 기분에 휩싸이게 되면 이걸 떠올리게나. 그러니까 바로 그 순간 아프락사스가 자네의 상상 속에서 활동하고 있는 거라고 말이오. 자네가 죽여버리고 싶은 건 절대 아무개가 아니라 그저 꾸며낸 모습일 뿐이라네. 우리가 누군가를 미워한다면 우린 그의 모습을 통해 자신 안에 있는 그 무언가를 미워하는 거야. 우린 우리 안에 존재하지 않는 요소에 의해서는 동요되지 않는 법이지."

그때만큼 피스토리우스의 말이 내게 깊은 영향을 미친 적은 없었다. 나는 쉽사리 답을 할 수 없었다. 예상외로 가장 감동적이었던 건 그의 조언이 내가 수년간 마음에 담아둔 데미안의 말과 흡사하다는 점이었다. 둘은 전혀 모르는 사이지만 두 사람 다 내게 같은 말을 남긴 것이다.

"우리가 보는 것들은"이라고 피스토리우스가 부드럽게 말을 꺼냈다. "이미 우리 안에 있는 것들이지. 우리가 내면에 지닌 걸 넘어서는 현실이란 없다오. 대다수 사람이 그토록 비현실적인 삶을 사는 건 바로 이 때문이지. 그들은 바깥에 있는 것들을 진짜로 받아들이면서 자기만의 세계는 표현해내지 못한단 말이오. 물론 그런 상황에서도 충분히 만족스러운 삶을 살 수도 있어. 하지만 일단 다른 걸 알게 되면 다수가 가는 길은 더 이상 선택하지 않게 되는 법이지. 싱클레어, 다수가 택한 길은 수월하다네. 우리가 가는 길은 힘겹지만 말이야……. 어쨌든, 자, 이제 가보자고."

두 번이나 그를 기다리다 결국 만나지 못하고 며칠을 더 보내던 어느 날, 차디찬 밤바람을 맞으며 몸도 잘 가누지 못한 채 길모퉁이를 돌아오던 그와 마주쳤다. 비틀대던 그는 꽤나 취한 상태였다. 나는 굳이 그를 불러 세우고 싶지 않았다. 마치 알 수 없는 곳으로부터 시작된 어둠의 부름에 답하기라도 하듯 그는 번들거리면서도 초점 없는 눈을 하고서 나를 스쳐 지나갔다. 나는 그의 뒤를 쫓았다. 그는 보이지 않는 줄에 묶여 끌려가듯 움직였다. 그의 걸음걸이는 기이했지만 물 흐르듯 유려해서 마치 유령처럼 보이기도 했다. 나는 그만 잔뜩 우울해져 집으로 향했다. 해결되지 않은 내 꿈이 있는 곳으로…….

"그래, 그렇게 세상을 새롭게 한단 말이지!" 그렇게 생각한 나는 그와 동시에 그런 생각 역시 쓸데없는 설교와 같다고 여겼다. 결국엔 그의 꿈에 대해 내가 뭘 안단 말인가? 어쩌면 그가 만취 상태로 걷는 길이 내가 머뭇대며 가는 길보다 훨씬 더 분명할지도 모를 일이었다.

이따금 수업 중간중간 쉬는 시간에 이전까지 내가 그다지 눈길을 주지 않던 동급생 하나가 내게 말을 걸고 싶어하는 눈치였다. 그는 작고 연약해 보였으며 붉은색이 많이 섞인 머리칼을 하고 있었다. 또 그의 표정과 행동거지에서는 그 어떤 특이한 분위기가 묻어났다. 어느 날 저녁 집으로 향하던 나는 골목에서 나를 지켜보던 그를 알아보았다. 그는 내가 지나갈 때까지 잠자코 있더니 이내 나를 따라와 우리 집 문 앞에 이르렀다.

"뭐 원하는 게 있는 거야?" 내가 먼저 질문을 던졌다.

"그냥 너랑 이야기나 좀 해보려고." 그는 부끄러운 듯 조심스레 입을 열었다. "나랑 좀 걷는 게 어때?"

그를 따라 걷던 나는 그가 아주 신이 난 데다 뭔가 잔뜩 기대하고 있다는 느낌을 받았다. 그의 손이 살짝 떨렸다.

"혹시 너 심령론자니?" 그는 꽤나 갑작스럽게 질문을 던졌다.

"아니, 전혀 그렇지 않아, 크나우어." 나는 웃음을 터뜨렸다. "그 거랑은 거리가 멀다고. 왜 그런 생각을 하게 된 거야?"

"그럼 접신론자란 말이지?"

"그것도 아닌걸."

"너무 그렇게 숨기지만 말고. 분명 네겐 뭔가 특별한 게 있단 말이지. 네 눈을 보면 그렇단 걸 알 수 있어. 네가 영혼의 세계와 소통하고 있다고 난 확신해. 그저 궁금해서 물어보는 게 아니야, 싱클레어. 나 역시 탐구자라고. 너무 외로워."

"그럼 네 이야기 한번 들어보자." 내가 재촉하고 나섰다. "물론 난 영혼에 관해선 전혀 아는 바가 없어. 나는 그저 나만의 꿈속에서 살아가. 나를 보고 네가 느낀 건 바로 그런 걸 거야. 다른 사람들도 꿈 속에서 살긴 하지만 그건 그들 자신의 꿈이 아냐. 그게 나랑 다른 점이고."

"그래, 아마 그런 거겠지." 그가 중얼대듯 말했다. "단지 네가 살 아가는 꿈이 어떤 종류의 꿈인지가 문제야. 백색 마술이라고 들어 본 적이 있니?"

나는 차마 그렇다고 대답할 수 없었다.

"백색 마술을 배우면 네 삶을 조절할 수 있게 돼. 그럼 불사도 될 수 있고 마법도 부리게 되지. 넌 그래본 적 없니?"

백색 마술을 실행해봤는지 내가 캐묻자 그는 대답하기를 주저 하다가 내가 가려고 몸을 돌리고서야 모든 걸 털어놓았다.

"그러니까 가령 난 자러가고 싶거나 집중하려고 할 때 그런 마술 을 실행해보는 편이야. 우선 뭔가를 떠올려. 예를 들어 단어나 이름 아니면 기하학적인 모양 같은 거 말이야. 그걸 최대한 열심히 생각 한 다음에 머릿속에서도 떠올려보려 애쓰는 거야. 그게 내 머릿속 의 일부가 된 것 같은 기분이 들 때까지. 그러고는 목 안까지 가져와 생각해보는 거지. 그 생각이 나를 완전히 집어삼킬 때까지 말이야. 그럼 난 말하자면 그렇게 '설정'이 돼 버려서 그 어떤 것도 내 마음 의 평화를 깰 수 없게 된다고."

나는 그가 한 말의 뜻을 막연하게나마 알 것 같았지만, 그가 유 별나게 초조해하고 가만히 있지 못하는 걸로 봐서는 뭔가 또 다른 생각이 있는 듯했다. 나는 분위기를 봐가며 요령 있게 질문을 던졌 고 머지않아 그가 이렇게 물어왔다.

"너도 아직 자제하고 있는 거지?" 그가 초조하게 질문을 던졌다.

"어떤 면에서 말이야? 너 혹시 성적인 걸 말하는 거니?"

"그래, 맞아. 난 자제해온 지가 이제 이 년째야. 가르침을 접한 날부터 시작해서 말이야. 이전까진 타락한 삶을 살았지만, 그런 거 있잖아…… 여인을 품어본 적은 있는 거야?"

"아니, 없어." 나는 말을 이었다. "아직 제대로 된 짝을 못 만났거든."

"그럼 제대로 된 것 같은 상대를 만난다면 그녀와 잠자리를 할거고?"

"그래, 물론 그렇겠지. 그녀가 굳이 이의를 제기하지 않는다면 말이야." 나는 살짝 비꼬는 투로 대답했다.

"아, 이런. 그렇다면 넌 잘못된 길을 가게 되는 거야. 전적으로 자제하는 삶을 유지할 때만 내적 힘의 원천을 발전시킬 수 있는 거라고. 나만 해도 벌써 이 년째 그러고 있는걸. 이 년 하고도 한 달이 조금 더 됐지 아마! 정말이지 너무 힘들어! 더 이상 참을 수 없겠단 생각이 자꾸만 든다니까."

"잘 들어봐, 크나우어. 난 무턱대고 자제하는 것만이 중요하다고 보진 않아."

"그래, 누구든 죄다 그렇게 말한다는 거 알아." 그가 이의를 드러냈다. "하지만, 네가 그럴 거라곤 생각 못 했어. 영적인 길을 가려는 자는 전적으로 순결해야 하는 법이라고."

"그래, 그럼. 그렇게 하렴! 그런데 잘 이해가 되지 않는구나. 자신의 성적 욕구를 애써 억누르는 사람이 어째서 나머지 사람들보다 '더 순결'하다는 건지 말이야. 아니면 넌 성性을 모든 생각과 꿈에서 배제할 수 있다는 거니?"

그는 절망한 듯한 표정으로 나를 쳐다봤다.

"아냐, 그렇지 않아! 오 이런. 하지만 어쨌든 그걸 피해갈 순 없는 것 같아. 밤이면 나 자신에게도 털어놓지 못할 그런 꿈들을 꾼다니까. 끔찍한 꿈들이지!"

문득 피스토리우스가 내게 한 말이 떠올랐다. 하지만 아무리 그의 말이 다 맞는 것 같다 해도 나는 선뜻 그의 말을 그대로 전할 수 없었다. 내 개인적 경험에서 도출되지 않은 데다 나 자신도 실현할 수 없는 조언을 크나우어에게 해줄 순 없었던 것이다. 나는 누군가 내게 조언을 구해올 때 베풀 것이 없다는 생각에 창피한 나머지 더 이상 말이 나오지 않았다.

"할 수 있는 건 죄다 해봤다고!" 크나우어가 투덜댔다. "냉수와 눈, 운동, 달리기처럼 활용해보지 않은 게 없지만, 다 소용없었어. 난 밤마다 내가 품어선 안 되는 꿈을 꾸다 깨곤 해. 게다가 더 끔찍한 건 그 때문에 내가 여태 이뤄온 영적인 결과물에서 점차 멀어지고 있다는 거야. 이젠 뭔가에 집중하거나 마음을 가라앉히고 다시 잠드는 일이 거의 불가능해졌어. 그래서 종종 누운 채로 잠들지 못하고 밤을 지새우곤 하지. 이런 식으로 오래 버티진 못할 것 같아. 만약 내가 더 이상 버티길 관두고 다시 불순해져버린다면 자신의 욕망과 단 한 번도 사투를 벌이지 않은 사람들보다 훨씬 더 비열한 놈이 되는 거라고. 무슨 말인지 알겠니?"

나는 고개를 끄덕여 보였지만 어떻게 대답해야 할지 몰랐다. 크나우어의 이야기는 지루해지기 시작했고 그의 절망적 사정이 내게 감흥을 불러일으키지 못한다는 사실이 꽤나 당혹스러웠다. 그러니까 당시 내가 느낀 감정은 이게 다였다. '난 네게 도움을 줄 수 없어.'

"그럼 내게 도움이 될 만한 말을 해줄 수 없다는 거야?" 마침내 입을 연 그는 슬프고 지쳐 보였다. "정말 해줄 말이 없어? 그래도 요령 같은 게 있지 않을까? 그런 상황에서 넌 어떻게 대처하는 거야?"

"해줄 말이 없어, 크나우어. 이건 누가 누굴 도울 수 있는 문제가 아니야. 나 역시 도와주는 사람이 하나도 없었어. 그러니까 너도 너 자신을 믿고 내면의 목소리를 따라야 할 거야. 그거 말고 다른 방법은 없으니까. 너 자신을 찾을 수 없다면 그 어떤 정신도 찾지 못할 게 분명하다고."

그 작은 아이는 잔뜩 실망한 나머지 할 말을 잃은 채 나를 쳐다봤다. 그러다 별안간 증오심으로 눈빛이 이글댄다 싶더니 그는 잔뜩 찡그린 얼굴로 고래고래 소리를 질러댔다. "그래, 넌 아주 훌륭한 성자야. 하지만 너도 남모르게 나쁜 짓을 저지르고 다니겠지. 현자인 척하지만 나나 다른 사람들과 마찬가지로 추악한 일에 연루되어 있을 거라고! 너도 나처럼 골칫덩이일 뿐이야. 우린 전부 골칫덩이들이라고!"

나는 그를 그렇게 세워둔 채 그 자리를 떠났다. 그는 머뭇거리며 두세 걸음쯤 따라오는 듯하더니 그대로 돌아서서는 달아나버렸다. 불현듯 혐오와 동정이 뒤섞인 감정이 밀려들어 나는 아주 불쾌해졌다. 이런 기분은 내 방으로 돌아와 얼마 안 되는 그림들을 빙 둘러 세워두고 나만의 꿈에 집중하고서야 겨우 떨쳐낼 수 있었다. 그러자 나는 다시 한 번 내 꿈을 마주하게 되었다. 우리 집 대문과 문장, 어머니와 낯선 여인이 눈앞에 나타났고 그 모습이 이상하리만치 선명하게 보여 같은 날 저녁 난 기억을 더듬어 그녀의 초상화를 그려낼 수 있었다.

꿈속 십 분처럼 의식 없이 며칠이 흐른 후 그림을 완성했고, 그 날 저녁 벽에다 그 그림을 걸고 나서 책상 스탠드를 그 앞으로 밀어 뒀다. 그러고 나서는 마치 끝장을 볼 때까지 싸워야 할 영혼을 앞에 둔 듯 그림 앞에 버티고 섰다. 그 얼굴은 이전의 그림과도 닮아 있었고 내 친구 데미안과 닮은 듯도 했다. 또 어떻게 보면 내 얼굴과도 비슷해 보였다. 한쪽 눈은 다른 쪽보다 확연히 더 올라가 있었고, 나를 넘어 어느 먼 곳을 바라보는 그녀의 시선은 운명을 응시하는 듯했다.

나는 꿈속 그녀의 초상화 앞에 섰고 초조한 압박감 때문에 온몸이 싸늘해졌다. 나는 그림을 상대로 질문을 던졌고 그것을 비난했으며 거기다 대고 기도를 드렸다. 또 그것을 어머니나 연인, 창녀, 매춘부라고 부르다가 나아가 아프락사스라고 칭했다. 그러다 문득 피스토리우스의 말이 떠올랐다(아니면 데미안의 말이었던가?). 그가 그 말을 내뱉었던 게 언제였는지 기억할 수 없지만, 어쨌건 그 말들이 다시금 들려오는 것만 같았다. 그건 하느님의 천사와 싸우는 야곱에 관해 그가 언급한 내용으로 '나를 축복하지 않는다면 그대를 놓아주지 않으리'라는 말이 포함되어 있었다.

그림 속 얼굴은 내가 어떤 말을 던질 때마다 스탠드 불빛을 받아 수시로 변했다. 밝게 빛나는가 하면 어둡고 불길해졌으며 멍한 눈 위로 시퍼런 눈꺼풀이 내리감겼다 떠지길 반복하다가 다시금 자애로운 시선을 던지는 것이었다. 또 그 얼굴은 여성과 남성, 소녀, 어린아이, 짐승을 모두 담고 있었으며, 녹아 없어져 작은 반점 크기가 되었다가 또다시 더 커지고 선명해지곤 했다. 마침내 난 그 어떤 강력한 충동에 이끌려 눈을 감았고 그러자 그 어느 때보다 더 생생하고 강력해진 내 안의 형상이 보였다. 나는 그 형상 앞에 꿇어 엎드리고자 했으나 그 형상은 이미 너무도 나 자신의 일부가 되어버린 탓에 그것과 떨어질 수가 없었다. 그 형상은 마치 나 자신으로 변모해버린 듯했다.

그러고 나서 곧 봄날의 폭풍이 몰려오듯 거칠고 우레와 같은 굉음이 들려왔다. 나는 두려움과 생생한 현실감이 뒤섞인 말로 표현할 수 없는 새로운 기분에 사로잡혀 몸을 떨 수밖에 없었다. 별들이 내 눈앞에서 반짝이다 이내 사라졌다. 그리고 지금은 잊힌 유아기, 아니 존재하기도 전의 시기와 인간으로서 내디딘 첫 단계에 대한 기억들이 재빨리 나를 스쳐갔다. 하지만 가장 내밀한 부분까지 내 인생 전반을 재현하는 듯한 기억들은 과거와 현재에 그치지 않고 더 나아가 미래까지 반영하는 한편 나를 현재로부터 분리시켜 새로운 형식의 삶으로 데려갔다. 새로운 형태의 그 삶은 아주 또렷하고 눈부셨지만 어쩐 일인지 난 그러한 형상을 훗날 하나도 기억해내지 못했다.

밤중에 나는 깊은 잠에서 깨어났다. 나는 옷도 벗지 않은 채 침대에 대각선으로 누워 있었다. 불을 켠 나는 뭔가 중요한 걸 기억해내야 할 듯했지만, 지난 몇 시간을 아예 떠올릴 수 없었다. 스탠드 불을 켜자 점차 기억이 돌아왔다. 나는 그림을 찾아 헤맸지만 그림은 더 이상 벽이나 탁자에 없었다. 그러고 나서부턴 내가 그림을 태워버린 것 같은 느낌이 희미하게 찾아들었다. 그게 아니라면 그걸 내 손 안에서 태워 남은 재를 먹어버린 꿈을 꾼 것뿐일까?

문득 너무도 초조해진 탓에 가만히 있을 수가 없었다. 나는 마치 바깥으로 향하는 어떤 힘에 이끌린 듯 모자를 눌러쓰고 집을 빠져

나가 골목길을 지나쳐갔다. 돌풍에 휩쓸리기라도 한 것처럼 길거리와 광장을 걷고 또 걸었다. 그러다 어두워진 교회 옆에 서서 귀 기울이며 뭔지도 모른 채 무턱대고 뭔가를 찾아 헤맸다. 사창가가 있는 변두리 지역을 지나다 보니 여기저기 흩어진 창문을 통해 불빛이 새어 나오고 있었다. 거기서 조금 더 가다 보면 신축 건물들이 눈에 띄었고 그 주변에 쌓인 벽돌들 중에는 허연 모래가 내려앉은 부분도 있었다. 낯선 충동에 사로잡혀 그렇게 몽유병자처럼 여기저기를 쏘다니다 보니 고향 마을에 새로 짓고 있던 건물이 떠올랐다. 나를 괴롭히던 크로머는 바로 그 건물에서 처음으로 내 돈을 갈취했었다. 그런데 그날 밤 그 건물과 꼭 닮은 건축물이 바로 내 앞에 서 있었던 것이다. 떡하니 입을 벌리고 나를 향해 하품이라도 하듯 문이 달려야 할 자리는 비어 있었다. 나는 빨려 들어가듯 건물 안으로 들어갔고 모래 더미와 나뒹구는 쓰레기에 걸려 비틀댔다. 그곳에 들어가 보고자 하는 욕구는 너무도 강해 나는 발을 들일 수밖에 없었다. 나는 널빤지와 깨진 벽돌들을 타넘어가며 삭막하리만치 텅 빈 공간으로 들어갔다. 축축한 냉기와 돌 냄새가 올라왔고 모래 더미가 눈에 띄었다. 방 안은 캄캄했기 때문에 모래 더미는 회색 얼룩처럼 보였다.

바로 그 순간 누군가 잔뜩 놀란 목소리로 내 이름을 불렀다. "오, 이런. 싱클레어. 너 대체 어디서 오는 거야?"

어둠 사이로 어떤 형체가 몸을 일으켰다. 작고 가냘픈 그는 마치 유령처럼 보였다. 머리칼이 쭈뼛 일어선 순간 동급생 크나우어의 모습이 눈에 들어왔다.

"여긴 어떻게 온 거야?" 그는 놀라 제정신이 아닌 듯했다. "어떻게 나를 찾은 거냐고?"

나는 언뜻 그가 무슨 말을 하는지 알아듣지 못했다.

"나는 널 찾아다닌 게 아닌데." 나는 몽롱한 상태로 입을 열었다. 얼어버린 듯 무거운 입술 사이로 한 마디 한 마디가 힘겹게 새어 나왔다.

크나우어는 나를 빤히 쳐다봤다.

"나를 찾아 돌아다닌 게 아니라고?"

"그래, 전혀 아냐. 난 그저 여기로 이끌려왔을 뿐이야. 혹시 네가 마음속으로 나를 부른 거니? 아마 그랬을 것 같은데. 그나저나 여기서 뭐 하는 거야? 이 야심한 밤에 말이지."

그는 가느다란 팔로 나를 꽉 안고 놓아주지 않았다.

"그래, 맞아. 지금은 밤이야. 하지만 곧 아침이 되겠지. 아, 싱클레어. 나를 잊지 않은 걸 보니 너무 기쁘구나. 그럼 이제 날 용서해주겠니?"

"용서하다니? 뭐 때문에 널 용서한다는 거야?"

"오 이런. 내가 그날 너무 끔찍하게 굴었잖니."

그제야 난 일전에 우리가 나눴던 대화를 기억해냈다. 그게 나흘이나 닷새 전이었던가? 그때 이후로 한평생의 시간이 흐른 것만 같았다. 그런데 그 순간 문득 모든 게 분명해지는 것만 같았다. 며칠 전 우리에게 벌어진 일과 내가 이곳에 이르게 된 이유, 그리고 크나우어가 여기까지 와서 뭘 하려고 한 건지 그 모든 것이 말이다.

"너 지금 죽으려고 한 거지, 크나우어?"

그는 추위와 두려움 때문에 온몸을 떨었다.

"그래, 그러려고 한 건 맞아. 정말 그럴 수 있었을지는 모르겠지만 말이야. 사실 아침이 될 때까지 기다리려고 했어."

나는 그를 데리고 탁 트인 바깥으로 나왔다. 수평으로 죽 뻗은 새벽빛이 회색 공기를 가르며 믿기지 않을 만큼 차갑고 쓸쓸하게 빛났다.

나는 한동안 크나우어의 팔을 잡고 걸었다. 내 안에서 이런 말이 들려오는 듯했다. '자, 이제 집으로 돌아가. 아무에게도 말하지 마! 넌 잘못된 길을 걸어온 거야. 잘못된 길을 말이야! 우린 네가 말한 골칫덩이가 아냐. 우린 인간이라고. 우린 신들을 만들어내고 또 그들과 겨루지. 그들은 우릴 축복하고 말이야.'

우리는 말없이 걷다가 헤어졌다. 집으로 돌아왔을 땐 벌써 날이 밝아 있었다.

성 ○○시에서 지내는 동안 가장 좋았던 건 피스토리우스의 오르간 연주를 듣거나 벽난로 앞에서 그와 머물며 보낸 시간들이었다. 우리는 아프락사스에 관한 그리스 문헌을 함께 살펴봤고, 그는 베다Vedas의 번역문 중 일부를 추려 내게 읽어주며 신성한 '옴Om'을 소리 내어 말하는 방법에 대해 알려주었다. 하지만 나의 내면을 지탱해준 건 이런 종류의 불가사의한 지식이 아니라 오히려 그 반대였다. 그러니까 나를 북돋워준 건 내면의 진전과 내 꿈과 생각, 예감에 대한 믿음의 증대, 그리고 내 안에 자리한 힘에 대한 인식의 증가였던 것이다.

피스토리우스와 나는 서로를 아주 잘 꿰뚫고 있었다. 아주 열심히 그를 떠올리기만 하면 그가 나타나거나 그로부터의 전갈이 올거라 확신할 수 있었던 것이다. 또 데미안과 그랬던 것처럼 굳이 그가 내 앞에 없더라도 나는 그에게 뭔가를 물어볼 수 있었다. 그러니까 난 그저 그가 그 자리에 있다고 생각한 다음 질문할 거리를 집약적 생각이라는 틀에 넣기만 하면 되었다. 그러고 나면 질문에 쏟아부었던 그 모든 정신적 노력이 되돌아오곤 했다. 단, 내가 상기시킨 건 피스토리우스도 데미안도 아닌 바로 그 그림이었다. 내가 불러내야 했던 악령이 반은 남성이요 반은 여성인 공상의 산물로 나타난 그 그림말이다. 이 존재는 이제 더 이상 내 꿈속에 갇혀 있지 않았으며 더 이상 종이 위에 묘사된 그림에 불과하지도 않았다. 대신 충족된 소망이자 향상된 나 자신의 모습으로 내 안에 자리했다. 자살할 뻔했던 크나우어와의 관계는 독특하면서도 이따금 터무니없는 면모를 보였다. 내가 '그에게로 보내진' 그날 밤 이후 크나우어는 충직한 하인이나 개처럼 내게 달라붙었고 자신의 삶과 내 삶을 연결시키려 애쓰며 무턱대고 나를 쫓아다녔다. 그는 또 깜짝 놀랄 만한 질문이나 요청을 들이밀었고, 정령을 보고 싶어했으며 카발라에 대해 알고자 했다. 게다가 내가 이 모든 불가사의한 일에 대해 아는 바가 없다고 재차 이야기해도 크나우어는 그런 내 말을 믿으려 들지 않았다. 그는 마치 내 힘이 미치지 않는 곳은 없다고 여기는 듯했다. 한 가지 기이한 점은 내가 어떤 문제에 직면할 때면 크나우어가 기발하고도 어리석은 질문을 들고 나를 찾곤 했다는 것이다. 그러면 그의 변덕스러운 생각이나 요청으로 인해 문제 해결에 도움이 되는 단서가 드러나거나 해결책을 찾게 되곤 했다. 그런가 하면 나는 그가 수시로 따분하게 느껴져 단호히 내치곤 했지만, 그 역시 내게로 보내진 사람이며 무엇이든 그에게 베푼 건 두 배가 되어 되돌아오는 것만 같았다. 또한 그 역시 나를 이끄는 자이며 내가 좇아야할 길을 나타냈다. 당시 그가 내게 가져다준 책과 글들은 그 자신이 구원을 구할 때 참고했던 자료들로 내가 당장 이해할 수 있었던 것보다 더 많은 가르침을 남겼다.

나중에 크로머는 내가 미처 알아채지도 못하는 사이 재빨리 내 삶에서 빠져나가버렸다. 그와는 특별히 대립할 필요가 없었다. 피스토리우스의 경우와는 반대로 말이다. 성 ○○시에서의 학창 시절이 마무리되어갈 무렵 나는 그와 다시 한 번 기이한 경험을 했다.

제아무리 순진한 사람이라 해도 인생에 한두 번쯤은 훌륭한 신앙의 미덕과 감사의 심경 같은 감정과 충돌하게 마련이다. 또 누구든 아버지와 스승으로부터 분리되어 나오는 단계를 거쳐야만 한다. 누구나 고독의 힘듦을 경험해봐야만 하는 것이다. 물론 대다수의 사람은 그런 시간을 제대로 받아들이지 못하고 다시금 어른들의 품으로 기어들어 가지만 말이다. 내 경우엔 어린 시절 '빛의 세계'였던 부모님과 그 세계로부터 갑작스럽고 격렬히 떨어져나온 건 아니었다. 다만 거의 알아차리지 못하는 사이 그들로부터 점차 멀어져갔을 따름이다. 어쨌건 그건 유감스러운 일이어서 고향 집을 방문할 때마다 나는 괴로운 시간을 견뎌내야 했다. 그렇다고는 하지만 그런 현상으로 인해 내가 전적으로 영향을 받은 건 아니어서 그 시절을 그럭저럭 견뎌냈던 것 같다.

하지만 단순한 습관이 아닌 자의로 사랑과 존경을 내비쳤던 곳에서, 그리고 진심으로 누군가의 자식이자 친구가 되었던 곳에서 우리의 본성이 우리를 사랑하는 사람들로부터 떨어뜨리려 한다는 걸 갑자기 깨닫는다면 그것이야말로 쓰라리고도 끔찍한 순간일 것이다. 우리가 친구와 선생님한테서 멀어지도록 한 생각 하나하나는 독과 같은 가시 돋친 말이 되어 다시금 우리 자신의 가슴을 파고

든다. 그러면 모든 방어적 타격은 자신에게로 되돌아오고 한때 도덕적이라고 자부하던 사람의 마음속에는 '배신'과 '배은망덕'이라는 표현들이 수치심에 젖은 울부짖음과 낙인처럼 밀려드는 것이다. 겁에 질린 마음은 어찌할 바를 모른 채 어린 시절의 선이라는 행복의 계곡으로 숨어들고, 그 와중에도 이러한 분리가 필연적으로 이루어져야 하며 이러한 유대 역시 결국엔 끊어져야 함을 쉽게 인정하지 못한다.

시간이 지남에 따라 무턱대고 피스토리우스를 내 선도자로 인정했던 마음에도 변화가 일었다. 사실 그와의 우정과 그의 조언, 그와의 친밀한 관계, 그가 베푼 위로는 청소년기를 맞아 보낸 그 몇 달 동안 겪은 가장 중차대한 일이었다. 신이 그를 통해 내게 말을 거셨다. 그의 입술을 통해 내 꿈들이 되살아났고 설명과 해석을 거쳤다. 그는 내 안에 신념이 다시 서도록 했다. 아, 그런데 이제 내 안에선 그에게 반박하는 마음이 점차 커지고 있음을 느낄 수 있다. 그가 했던 말들은 너무 교훈적일 따름이며 그는 오로지 내 일부만 이해하는 듯했다.

그와는 어떤 다툼이나 언쟁도 벌이지 않았으며 관계의 분리나 의견을 달리한 합의조차 없었다. 그저 내가 아무런 악의 없이 한마디 말을 내뱉은 순간 우리를 에워쌌던 환상이 알록달록한 색채의 조각들처럼 산산이 흩어져 내린 것이다.

그런 일이 벌어질 것만 같은 희미한 예감이 이미 한동안 나를 내리누르던 차에 어느 일요일 그의 서재에서 사건은 일어나고 말았다. 우리는 벽난로 옆에 누워 있었고, 그는 당시 자신이 연구 중이며 숙고 중이었던 종교의 신비로운 의식과 형태들, 그리고 자신의 마음을 온통 사로잡은 그러한 종교의 잠재성에 대해 이야기하던 중이었다. 그리고 내겐 이 모든 대화의 주제가 아주 중요한 문제라기보다 그저 호기심과 관심의 대상으로 보일 따름이었다. 그러니까 그저 그가 나를 가르치려 드는 것만 같았고 오래전 고대의 유물 조각을 찾아다니듯 따분한 소리로만 들린 것이다. 나는 불현듯 이 모든 일과 근거 없는 신화적 믿음에 대한 숭배, 전통적 종교에 대한 믿음의 조각들로 그가 벌이고 있는 이 모자이크 게임에 대해 반감이 솟구침을 느꼈다.

"피스토리우스." 나는 스스로도 놀라고 움찔할 만큼 적의에 차 발끈한 투로 말을 내뱉었다. "꿈 이야기를 해주셔야죠. 밤에 꾸는 진짜 꿈 말이에요. 지금 해주시는 이야기는 정말이지 너무 고리타분하다고요."

그는 아마 이전까지는 내가 그런 식으로 이야기하는 걸 들은 적이 없었다. 순간 수치심과 공포를 동시에 느끼며 나는 깨달았다. 내가 그를 겨냥해 쏘아올려 마침내 그의 심장을 꿰뚫고 만 그 화살은 사실 그의 무기고에서 나온 것이며, 이따금씩 그가 비꼬는 투로 내뱉은 자책의 말들을 이젠 내가 더욱 가시 돋친 어투로 바꿔 그에게 퍼붓고 있다는 사실을 말이다. 그는 즉각적으로 반응하는 듯하더니 단번에 잠잠해졌다. 문득 두려운 마음에 그를 흘깃 훔쳐보았더니 그는 끔찍하리만치 창백해져 있었다.

길고 불편한 침묵의 시간이 흐른 뒤 그는 새 땔감을 벽난로 속에 넣으며 조용히 입을 열었다. "그래, 자네 말이 맞네, 싱클레어. 자넨 영리한 친구니까 쓸데없이 '고리타분한' 이야긴 이만 접어둘까 하네." 그는 꽤 차분했지만, 상처받은 게 분명했다. 난 대체 무슨 일을 저지른 건가?

나는 거의 울 뻔했다. 사실은 그에게 격려의 말을 건네고 용서를 구하며 나의 애정과 깊은 감사의 마음을 확실히 보여주고 싶었다. 위로의 말이 목구멍까지 솟아올랐지만 차마 내뱉을 수 없었다. 나는 그저 거기 엎드린 채 불꽃을 응시하며 잠자코 있을 따름이었다. 그 역시 말이 없었기에 우리는 그렇게 잦아드는 불꽃을 앞에 두고 누워 있었다. 불꽃이 하나하나 꺼져 갈 때마다 나는 두 번 다시 돌아올 수 없는 아름답고 심오한 무언가가 반짝이다 사라지는 것 같은 느낌에 사로잡혔다.

"오해하신 것 같아 유감이군요." 잔뜩 기가 죽은 나는 마르고 쉰 목소리로 마침내 입을 열었다. 이처럼 어리석기 이를 데 없고 의미 없는 말들은 잡지 속 연재물이라도 읽는 양 내 입에서 기계적으로 튀어나왔다.

"아냐, 난 자네 말뜻을 완벽히 이해했네." 피스토리우스가 부드럽게 말했다. "어쨌건 자네 말이 맞아." 그는 잠시 멈추더니 천천히 다시 말을 이어갔다. "그 누구에 대해서라도 우리가 옳을 수 있다면 말이야."

문득 내 안에서 이런 외침이 들려왔다. '아니, 아냐. 난 옳지 못해.' 하지만 실제로 난 아무 말도 입 밖으로 낼 수가 없었다. 난 단 몇 마디의 말로 그의 가장 취약한 부분과 고통, 그리고 상처를 일깨우고 말았다. 그 자신도 미처 확신하지 못했던 부분을 내가 건드린 것이다. 그의 이상은 그야말로 '고리타분'한 것으로 그는 과거를 헤매다닌 낭만파였다. 불현듯 아주 강한 깨달음이 나를 덮쳤다. 그러니까 피스토리우스가 내게 베풀었던 건 그 자신으로선 절대 이루지도, 또 자신에게 베풀지도 못하는 것이었다. 그는 선도자로서의 그 자신조차 피하거나 내팽개치고 떠나야 할 길을 내게 제시했다.

내 입에서 어떻게 그런 말이 튀어나온 걸까! 나는 비판적인 말을 늘어놓을 생각도 없었거니와 비참한 결과가 초래되리라고 더욱 예상하지 못했다. 말을 내뱉을 당시에는 그 말의 중차대함을 미처 인식하지 못한 것이다. 다소 모호하지만 사소하고 짓궂은 충동이 일어 그런 것뿐인데 운명이 좌우되는 결과로 이어지고 말았다. 나에겐 그저 하찮고 부주의한 말실수에 불과한 것이 그의 입장에선 심판으로 받아들여진 것이다.

그 순간 나는 그가 버럭 화를 내고 자신의 입장을 변호하며 내게 호통치기를 간절히 바랐다. 하지만 그가 그런 행동을 전혀 취하지 않았기에 나는 마음속으로나마 그를 대신해 스스로 그 모든 걸 실행해야 했다. 그는 웬만하면 내게 미소라도 지어 보였을 터였다. 그가 그렇게 할 수 없었다는 건 내가 그에게 입힌 상처의 정도가 대단히 심했다는 걸 뜻했다.

한편 무례하고 배은망덕한 학생의 일격을 그토록 차분히 받아들임으로써, 말을 아끼고 핀잔을 참아냄으로써, 내가 내뱉은 말을 자신의 운명으로 인정함으로써 그는 나로 하여금 나 자신을 증오하게 만들었고 내 무분별한 행동이 수백 배는 더 끔찍해 보이도록 했다. 사실 일격을 가할 당시 나는 거칠고 탄탄히 무장된 상대를 겨누는 거라 생각했지만, 알고 보니 그는 너무도 조용하고 무방비 상태로 고통을 감내하며 그 어떤 이의 제기도 없이 굴복하는 인물이었다.

우리는 한참 동안 깜빡이는 불 앞에 머물렀다. 일렁이는 불꽃마다, 그리고 타다 남아 뒤틀리는 장작마다 지난날의 풍요롭고 유쾌했던 시간들이 묻어났으며 더불어 피스토리우스에게 신세를 졌던 기억들도 점점 더 크게 다가왔다.

마침내 더 이상은 견딜 수 없다 싶은 순간이 찾아왔고, 나는 곧장 몸을 일으켜 그곳을 떠났다. 그러고도 한참 동안 나는 그의 집 문 앞에 서 있었다. 어두컴컴한 계단에서, 그리고 바깥으로 나온 후에도 나는 한참을 그렇게 문 옆에 서서 혹시 나를 뒤따라 나올 그를 기다렸던 것이다. 이후 나는 걸음을 재촉했고 저녁이 찾아올 때까지 마을과 도시 외곽, 공원과 숲을 몇 시간이고 정처 없이 쏘다녔다. 그러고 나서 문득 난생처음으로 나는 내 이마 위에도 카인의 표시가 있음을 알아차렸다. 이걸 인식하게 된 건 아주 점진적이라고 하는 수밖에 없다. 내 생각은 오로지 한 곳을 향하고 있었다. 그러니까 나 스스로 자책하며 피스토리우스를 옹호하고자 했던 것이다. 하지만 결과적으로 일은 내 마음과 달리 마무리되고 말았다. 하긴 비록 경솔했던 내 발언을 후회하며 철회할 채비가 되어 있긴 했지만, 한편으론 내가 한 말이 옳다고 여기기도 했었다. 이제야 난 처음으로 피스토리우스를 이해했고 그가 성취하고자 했던 꿈의 전부를 마음속에 다시금 그려볼 수 있게 되었다. 그는 사제가 되어 새로운 종교를 공표하고 종교 운동의 새로운 형식을 제시하며 사랑과 헌신으로 봉사하고 일련의 새로운 상징을 만들어내고자 했다. 하지만 그건 그의 능력을 넘어서는 일이어서 실제로 그가 수행해낼 리 없었다. 그는 과거에 너무 연연했으며 고대에 관해 너무도 정확히 알고 있어서 이집트, 인도, 미트라Mithra와 아프락사스에 대해서도 아는 것이 너무 많았다. 그가 말하는 사랑은 세상에 이미 알려진 상징들과 밀접히 연관되어 있었고, 마음 깊은 곳에선 그 역시 알고 있었다. 그러니까 새로운 것은 진정으로 새것이어서 이전의 것들과는 달라야 하며 한낱 박물관이나 도서관이 아닌 완전히 새로운 토양에서 생겨나야 한다는 사실을 말이다. 아마도 그의 임무란 아직 알려지지 않은 메시지와 새로운 신을 제시하기보단 사람들이 그들 자신에게 이르도록 인도하는 거였는지도 모른다. 언젠가 그가 나를 인도했던 것처럼 말이다.

바로 그때 선명한 불꽃처럼 내 안에서 이글거리는 진실을 감지했다. 그건 바로 누구에게든 주어진 과업이 있는데, 우린 그것을 선택하거나 임의로 바꾸거나 입맛에 맞도록 조정할 수 없다는 것이다. 또 누구든 새로운 신을 원해서는 안 되며, 세상에 제시할 권한도 전혀 없다. 성인이 된 인간에게 단 한 가지 의무가 있다면 그건 바로 자신에게로 향하는 길을 찾고 그 안에서 결연해져 더듬거리면서라도 자신의 길이 이끄는 대로 전진하는 것이다. 이러한 진실의 발견은 나라는 존재 자체를 지대하게 뒤흔들었고 바로 그것이 피스토리우스와 겪은 일을 통해 얻어낸 수확이었다. 나는 종종 미래의 내 모습에 대해 생각하며 시인이나 예언자, 화가처럼 내게 할당될 만한 역할을 떠올려보곤 했다. 하지만 결국 그 모든 건 허사였다. 나는 시를 쓰거나 설교를 하거나 그림을 그리려고 존재하는 게 아니었다. 나뿐 아니라 다른 누구라도 그런 목적을 위해 존재하진 않았다. 그런 역할은 부수적인 요소일 따름이었다. 누구에게든 참된 천직은 단 하나이며 그건 바로 자신에게 이르는 길을 찾는 것이다. 피스토리우스도 시인이나 미치광이, 예언자 혹은 범죄자가 될 수 있겠지만 그건 그가 상관할 바 아니었으며, 궁극적으로는 죄다 쓸모없는 노릇이었다. 정작 그가 맡은 임무는 자신만의 운명을 찾아내는 것으로 스스로 선택할 문제는 아니었다. 또 일단 운명을 찾아내고 나면 그는 자신 안에서 그 운명을 온전하고 결연히 살아내야 할 터였다. 그러한 임무를 뺀 나머지는 절반의 삶이자 회피하려는 시도일 따름이며 다수가 택한 이상으로의 도피, 그리고 내적 정신에 대한 안주와 두려움을 의미했다. 불현듯 새로운 모습 하나가 내 앞에 나타났다. 그건 성스럽고도 장엄한 분위기를 자아냈고 수백 번은 더 스쳤을 법한 데다 나를 통해 수시로 표현되었으며 이젠 난생처음으로 마주하게 된 것이다. 나는 자연이 행한 실험으로 미지의 세계로 '내던져졌으며' 거기에는 어떤 새로운 목적이 있었을 수도 있지만 어쩌면 목적이라곤 아예 없었을 가능성도 있었다. 내게 주어진 유일한 임무라면 이러한 '내던져짐'이 내 안의 가장 내밀한 곳에서 효과를 발휘하도록 하고 내 안에서 그 의지를 감지하며 그걸 완전히 내 것으로 소화시키는 데 있었다. 정말이지 그것뿐이었던 것이다!

외로움이라면 이미 충분히 맛본 터였지만, 이제 벗어날 수도 없는 더 깊은 외로움이 찾아들고 말았다.

나는 굳이 피스토리우스와 화해하려 들지 않았다. 우린 여전히 친구였지만 우리 사이는 변해버렸다. 그 문제에 대해 언급한 건 단한 번에 지나지 않았고, 그는 이렇게 말했다. "내가 사제가 되고 싶어한 건 자네도 알 거야. 특히 자네와 내가 그토록 강하게 예감했던 새로운 종교의 사제가 되었으면 했지. 하지만 난 절대 그렇게 되지 못할 걸세. 그러지 못할 거란 걸 알게 된 지는 꽤 오래됐지만, 다만 그러한 사실을 나 스스로 완전히 인정하지 않은 것뿐이라네. 난 이제 다른 식으로 사제와 같은 일을 수행하려고 하오. 오르간 연주나 아니면 또 다른 방식으로 봉사할 수도 있겠지. 단, 아름답고 신성한 요소들은 늘 내 주변에 있어야 하오. 오르간 음악과 신비로운 의식, 상징과 신화 같은 것들 말이오. 난 그게 필요하고 또 그러한 요소들을 쉽게 포기하지 않을 거요. 뭐, 그게 내 약점이긴 하지만 말이오. 하긴, 싱클레어, 난 수시로 깨닫곤 한다네. 그런 유의 소망을 품어선 안 된다는 걸 말이지. 그건 사치이자 약점이기도 하니까. 내가 나 자신을 전적으로 운명의 처분에 맡길 수 있다면 더 도량이 크고 보다 공정한 처사가 되겠지. 그런데, 난 그렇게 할 수가 없단 말일세. 그게 바로 유일하게 내가 해내지 못하는 일이야. 아마 자네라면 그렇게 할 수 있을지도 모르겠네. 그래, 어려운 일이지. 그거야말로 진정으로 힘든 단 한 가지 일일 거야. 그걸 해내는 꿈을 자주 꾸곤 했다네. 하지만 실제로는 그렇게 할 수가 없어. 난 그저 두려울 따름이라네. 난 그렇게 벌거벗은 채 홀로 서 있을 수가 없어. 난 그저 따스한 온기와 먹을거리가 필요한 나약해 빠진 가엾은 개일 뿐이고 동족들과 가까이 지내며 위로받길 바라지. 그런데 정작 자신의 운명 말고는 그 어떤 것도 바라지 않는 자 옆엔 남아 있는 이웃이 없어. 그래서 그는 홀로 덩그러니 서 있는 거야. 그를 에워싼 건 냉혹한 이 세상뿐이라고. 바로 겟세마네 동산의 예수지. 물론 잠자코 십자가에 못 박히는 순교자들이 있긴 하다고. 하지만 그들조차도 영웅은 아니며 '자유'로워지지도 못했어. 왜냐하면 그들도 안락하고 익숙한 뭔가를 바랐거든. 그들에게도 본보기로 삼는 대상과 이상이 있었던 거지. 하지만 자신의 운명을 좇는 자에겐 본보기나 이상이 허락되지 않는 법이야. 소중하거나 위로가 될 만한 건 없다고! 그렇긴 하지만 말이야, 이거야말로 우리가 가야 할 길이라네. 자네나 나 같은 부

류는 아주 외롭지만 그래도 우리에겐 서로가 있지 않던가. 남들과
는 다르고, 저항하며 색다른 걸 바란다는 데서 오는 묘한 만족감도
있지. 하지만 사실 주어진 길을 온전히 가보고 싶다면 그러한 만족
감 역시 벗어던질 수 있어야 한다네. 혁명가나 본보기, 순교자가 되
어서도 안 돼. 정말이지 그 길을 간다는 건 우리가 짐작하는 그 이
상이라네."

그렇다. 나는 감히 짐작할 수 없었다. 하지만 꿈꾸고 예측하고 느
끼는 건 가능했다. 완전히 고요한 시간이 찾아들 때면 난 그런 경험
을 잠깐씩 하곤 했다. 그 순간 나 자신을 들여다보면 나를 빤히 응
시하는 운명의 형상이 보이는 것만 같았다. 나를 응시한 그 눈은 지
혜로 충만할 수도, 광기로 가득할 수도 있었으며 또 사랑으로 빛나
거나 지독한 악의로 이글거릴 수도 있었다. 어느 쪽이건 죄다 마찬
가지긴 하지만 말이다. 그러니까 우린 그 어느 쪽도 선택할 수 없으
며 원해서도 안 되는 것이다. 다만 우리 자신과 우리의 운명만이 남
을 따름이다. 한때 피스토리우스는 그러한 내 여정에서 길잡이 역
할을 해줬었다.

그 시절 나는 마치 눈먼 사람처럼 마구잡이로 쏘다녔다. 내 안에
선 폭풍우가 휘몰아쳤고 내가 내딛는 걸음마다 위험이 뒤따랐다.
나는 끝 모를 어둠 외에는 바로 앞에 놓인 것조차 보지 못했다. 그
리고 이전까지 내가 걸었던 길은 죄다 그 어둠 속으로 사라지고 없
었다. 한편 나는 내 안에서 데미안을 닮은 선도자의 형상을 보았고
그의 두 눈에서 내 운명을 읽었다.

나는 종이를 한 장 꺼내 거기다 이렇게 적었다. '선도자는 나를
버리고 떠났어. 이제 난 완전한 어둠 속에 홀로 서 있지. 혼자선 도

저히 전진할 수 없나니. 부디 나를 도와줘.'

나는 데미안에게 전갈을 보내고 싶었지만 참기로 했다. 그런 충동이 일 때마다 그건 너무 어리석고 무의미한 행동인 것만 같았기 때문이다. 그럴 때면 난 이미 외워 알고 있던 내 작은 기도를 조용히 되뇌곤 했다. 그 기도는 매시간 내 곁을 지켰고 나는 점차 그 기도가 무엇을 의미하는지 알아차리기 시작했다.

내 학창 시절은 막을 내렸다. 나는 아버지가 계획한 대로 방학을 맞아 여행길에 오를 예정이었다. 그러고 나서는 대학에 진학할 참이었지만, 전공과목은 정해두지 않은 상태였다. 단, 한 학기 동안은 철학 수업을 듣기로 해두었는데, 사실 다른 과목이었다 해도 안 될 건 없었다.

7
에바 부인

방학을 보내던 중 어느 날은 수년 전 데미안이 그의 어머니와 함께 살던 집에 들러보았다. 정원을 거닐던 어느 노부인을 발견한 나는 먼저 말을 걸었고 그 집이 그녀의 소유라는 사실을 알게 되었다. 나는 데미안 가족의 일을 물어보았다. 노부인은 그들을 아주 잘 기억하고 있었지만, 그들의 현재 거주지에 대해서는 알지 못했다. 내가 관심 있어 하는 걸 알아챈 노부인은 나를 집 안으로 데리고 들어가더니 가죽 앨범을 하나 끄집어낸 다음 데미안의 어머니가 나온 사진 한 장을 보여주었다. 사실 난 데미안의 어머니가 어떻게 생겼는지 거의 기억하지 못했지만, 그 작은 사진 한 장을 접한 순간 심장이 멎는 것만 같았다. 그도 그럴 것이 그 사진은 다름 아닌 내 꿈속에 등장했던 형상이었던 것이다. 키가 큰 데다 남자 같아 보이기도 한 그녀는 아들과 닮아 있었지만, 모성애와 더불어 엄격함과 강한 열정을 풍겼으며 아름답고 매혹적이지만 범접할 수 없기도 했다. 그녀는 악마이자 어머니요, 운명이자 연인이었다. 그건 한 치의 오차도 없이 그녀임이 틀림없었다!

내 꿈에 등장한 형상이 실제로 존재함을 알아차린 사건은 내겐 굉장한 기적과도 같았다. 그렇게 생긴 여인이 실제로 존재했다. 내 운명의 모습을 지닌 여인이 말이다. 그런데 그녀는 지금 어디에 있단 말인가? 대체 어디로 가야 만날 수 있을까? 게다가 그녀는 바로 데미안의 어머니였다!

그 일이 있고 나서 얼마 지나지 않아 나는 본격적인 여행길에 올랐다. 그건 꽤 이상한 여행이었던 것 같다. 그도 그럴 것이 나는 매번 마음 가는 대로 이리저리 쉼 없이 돌아다녔으며 늘 그녀를 찾아 헤맸던 것이다. 어떤 날엔 마주치는 사람마다 그녀를 상기시킬 만큼 그녀와 닮았기도 해서 나는 마냥 그들을 따라 낯선 도시의 골목길과 기차역, 열차 안을 헤집고 다녔다. 혼란스러운 꿈이라도 꾸듯 말이다. 그런가 하면 그녀를 찾아다니는 일이 얼마나 헛된 것인지 깨닫는 날도 더러 있었다. 그런 날이면 난 공원이나 호텔의 정원, 대기실에 하릴없이 앉아 나 자신을 들여다보고 내 안의 그 형상을 되살리려 애썼다. 하지만 그 형상은 겁이라도 집어먹은 듯 서서히 사라져갔다. 나는 좀처럼 잠을 이룰 수 없었다. 그저 낯선 지역을 달리는 기차 안에서 쪽잠이라도 잘 수 있으면 다행이었다. 한 번은 취리히에서 한 여성이 따라붙은 적이 있었다. 그녀는 예쁘면서도 다소 건방졌다. 나는 그녀 쪽을 거의 쳐다보지 않은 채 발걸음을 재촉했다. 마치 그녀가 공기로 이루어지기라도 한 듯이 말이다. 당시 난 단 한 시간이라도 다른 여성에게 눈을 돌리느니 차라리 죽는 편이 낫다고 생각했었다.

운명이 나를 끌어당기고 있었다. 성취의 순간이 가까워짐에 따라 나는 그 상황에서 아무것도 할 수 없어 조바심이 나 미칠 지경이었다. 아마 인스브루크쯤이었으리라. 한번은 역에서 우연히 에바를 떠올리게 하는 여성을 보게 되었다. 그녀는 막 출발하는 기차의 창가에 앉아 있었고 이후 여러 날 동안 난 끔찍한 시간을 보내야 했다. 그러더니 어느 날 밤 갑자기 그녀의 형상이 꿈에 나타났다. 나는 그녀를 쫓는 일이 부질없다는 생각에 수치스러웠고 잔뜩 실의에 빠진 채 잠에서 깨어 집으로 돌아갔다.

몇 주 후 나는 H 대학에 등록을 마쳤다. 모든 게 실망스럽기 그지없었다. 내가 듣고 있던 철학사 강의는 대학생들의 다른 활동들과 마찬가지로 독창성이 없고 상투적이었다. 모든 것이 너무 정형화된 데다 모두가 동일한 행동 양상을 보였다. 소년다운 표정에 드러난 활기찬 유쾌함은 공허한 데다 인위적이기까지 했다. 하지만 난 아주 자유로웠고 오로지 나를 위해 하루를 할애했으며 마을 외곽에 자리한 낡은 거처에서 평화롭고 안락하게 지냈다. 나는 니체의 책 몇 권을 책상 위에 두고 늘 그와 함께하며 그의 영혼이 얼마나 고독한지 느꼈고 끊임없이 그를 몰아붙인 운명을 그와 더불어 예견하곤 했다. 나는 또 그와 고통을 함께함은 물론 억척스레 자신의 운명을 쫓았던 이가 존재했었다는 사실에 기뻐했다.

어느 늦은 저녁, 나는 한가로이 마을을 거닐고 있었다. 가을바람이 이는 가운데 선술집에선 동호회 학생들의 노랫소리가 들려왔다. 열린 창에선 담배 연기가 풍겨 나왔고 마구잡이로 들려오는 노랫소리는 시끄럽지만 가라앉아 있었고 지루한 데다 하나같이 생기도 없었다.

나는 거리의 어느 모퉁이에 선 채 한밤중 두 군데 선술집에서 흘러나오는 청춘들의 유쾌한 노랫소리에 잠시 귀 기울였다. 그건 하나

같이 박자에 맞춰 반복되는 소리들이었다. 어디를 가나 공동체 정신에 취해 함께 모여 앉아 빈둥거리는 학생들이 넘쳐났다. 전부 운명을 피해 아늑한 난롯불 앞으로 도피한 꼴이었던 것이다!

그러던 중 내 뒤쪽으로 두 남자가 느린 걸음으로 지나가는 바람에 본의 아니게 그들의 대화를 엿듣게 되었다.

"이건 마치 흑인 마을의 청년들 집과 흡사하지 않습니까?"라고 한쪽이 말했다. "요즘 유행하는 문신까지 죄다 똑같군요. 보세요, 젊은이들의 유럽은 이런 모습이군요."

그 음성은 놀랍도록 익숙한 것이어서 분명 전에도 들어봤다는 확신이 들었다. 나는 두 사람을 쫓아 어두운 골목길을 걸었다. 한쪽은 작지만 우아한 분위기를 풍기는 일본인으로 웃음 짓는 얼굴이 가로등 아래로 반짝였다. 다른 한쪽은 이제 막 다시 말을 잇기 시작했다.

"일본에서도 상황이 더 낫진 않을 텐데요. 무리를 따라 쉽고 안락한 길을 선택하지 않은 사람은 전 세계적으로 드물죠. 아마 몇몇은 여기에도 있겠지요."

그의 말 한 마디 한 마디가 나를 스쳐 지나갈 때마다 기쁨과 놀람이 동시에 찾아들었다. 말하는 자가 누군지 나는 알 것 같았다. 그는 바로 데미안이었다.

돌풍이 휘몰아치는 밤중에 그와 일본인을 쫓아 어두운 골목을 걸으며 나는 그들의 대화에 귀 기울였다. 내겐 데미안의 음성이 음악의 선율과도 같았다. 그의 음성에는 익숙한 울림과 자신감, 차분함이 묻어났고 내게 미쳤던 힘 있는 영향력 역시 그대로 남아 있었다. 모든 게 제자리를 찾은 듯했다. 드디어 그를 찾아낸 것이다.

교외의 거리 끝자락에 이르렀을 때 일본인은 인사를 한 후 어느 집 대문을 열고 들어갔다. 데미안은 발걸음을 돌려 왔던 길을 되돌아갔다. 나는 길 한가운데 가만히 선 채 그가 다가오길 기다렸다. 여전히 생기 넘치는 걸음걸이와 꼿꼿한 자세를 지닌 그가 내게 가까워질수록 심장이 마구 뛰었다. 옅은 황갈색 비옷 차림에 지팡이를 팔에 건 그는 그야말로 내게 당도한 순간까지 한결같은 속도로 걸었다. 그가 모자를 벗어들자 내겐 이미 익숙한 그 지적인 얼굴이 똑똑히 눈에 들어왔다. 단호해 보이는 입매와 드넓은 이마에서 뿜어져 나오는 특유의 광채까지 말이다.

"데미안!"이라고 말하며 나는 그를 불러 세웠다.

그는 손을 뻗어 내게 내밀었다.

"그래, 너로구나. 싱클레어! 안 그래도 너와 마주치길 기다리고 있었어."

"너 그럼 내가 여기 있는 걸 알고 있었던 거야?"

"꼭 그렇지만은 않아. 그래도 네가 여기 있었으면 하고 바란 건 사실이지. 사실 오늘 밤에야 널 본 거야. 넌 내내 우리를 따라 오더구나."

"그럼 곧바로 나를 알아본 거니?"

"그렇고말고. 당연히 네 모습도 변하긴 했지만, 네겐 여전히 그 표시가 있으니까."

"표시라고? 어떤 표시를 말하는 거야?"

"기억하는지 모르겠지만, 예전에 우린 그걸 '카인의 표시'라고 불렀지. 우리끼리의 신호랄까. 네겐 늘 그 표시가 있었어. 그래서 나도 네 친구가 된 거야. 이젠 그 표시가 더 진해졌구나."

"그랬구나, 난 미처 몰랐어. 그래도 다시 생각해보니 그랬던 것 같아. 한 번은 널 그려보기도 했단다, 데미안. 그런데 그 그림이 나를 똑 닮아서 너무 놀랐어. 그게 바로 그 '표시'를 말하는 걸까?"

"그래, 바로 그거야. 훌륭해! 이제 이해하는구나! 틀림없이 어머니도 좋아하실 거야."

나는 그만 깜짝 놀라고 말았다.

"어머니라고? 어머니께서 여기 계신 거야? 그런데 나를 모르시잖아."

"어머닌 널 알고 계셔. 아마 네가 누구라도 내가 굳이 알려드리지 않아도 널 알아보실 거야……. 그래, 그러고 보니 한참 동안 네 소식을 못 들었구나."

"수시로 네게 편지를 쓰고 싶었지만 그러지 못했어. 최근 얼마간은 하루빨리 널 찾아내야 한다고 느꼈지. 이렇게 만나게 되길 매일같이 고대해왔다고."

그는 자신의 팔을 내 팔 아래로 찔러 넣어 팔짱을 낀 자세로 나와 함께 길을 걸었다. 그를 에워싼 차분한 공기가 내게도 전해지는 듯했다.

우리는 곧 전처럼 수다스러워졌다. 우리는 학창 시절을, 견진성사 수업 시간을, 그리고 방학 때 우리가 겪은 불편했던 기간을 떠올렸다. 단지 이젠 우리 관계의 가장 초기에 친하게 지낼 수 있었던 프란츠 크로머에 관한 이야기는 대화에 포함되지 않았다.

우리는 어느새 낯설고도 불가사의한 주제를 다루고 있었다. 데미안이 그의 일본인 친구와 견해를 나눴던 것처럼 우리도 학교생활을 비롯해 그와는 한참 동떨어진 그 밖의 것들에 대해 이야기했다. 어쨌건 데미안이 말한 모든 것의 이면을 들여다보면 근본적이면서도 내적으로 생각은 통합되어 있었다.

데미안은 유럽의 정신과 시대별 징후에 관해 이야기를 이어갔다. 그는 공조와 떼를 지어 다니는 현상이 만연한 반면 사랑과 자유는 어디에서도 찾아볼 수 없다고 했다. 교내 동호회와 학생 합창단에서 비롯된 이 모든 공동체 정신에서부터 정부 안에서 관찰되는 유사한 정신은 불가피하게 발달된 것으로 불안과 공포, 그리고 기회주의를 기반으로 한 일종의 사회생활이라 할 수 있다. 그리고 그 속을 들여다보면 그건 곧 붕괴되고 말 낡아빠지고 안일한 삶의 방식인 것이다.

"공동체 정신이라……." 데미안이 입을 열었다. "그래, 그거 좋지. 하지만 우리 주변 어디서든 만연하는 그런 건 진정한 공동체 정신이 아냐. 진정한 공동체 정신이라면 각 개인이 각자 공동체에 이바지함으로써 새롭게 일어나는 거야. 그러면 그런 정신이 한동안 세상을 바꿀 거고. 지금 우리 주변에서 관찰되는 공동체 정신의 유일한 징후는 군중 심리라고밖에 볼 수 없어. 인간들이란 서로의 팔 안쪽으로 도피하게 마련이야. 왜냐하면 우린 서로를 두려워하거든. 지도자들은 스스로를 두려워해. 그들은 전적으로 자기 자신에게 맞춰 구성된 공동체니까 말이야! 그러면 그들은 왜 두려워하는 걸까? 사람은 자신에게 익숙하지 않을 때만 두려움을 느껴. 그들이 두려운 건 자기 자신에 대해 제대로 알아본 적이 없기 때문이야. 자기 안에 자리한 미지의 요소가 두려운 사람들로만 구성된 공동체가 있다고! 그들도 전부 알고 있어. 자신들이 물려받은 삶의 법칙이 더 이상 타당하지 않으며 지금 자신들은 케케묵은 조항에 따라 생활하고 있어서 그들의 종교나 관습이 오늘날의 필요에 도무지 맞지 않는다는 사실을 말이야. 거의 백 년가량 유럽은 연구에 힘쓰고 공장을 지어 올리는 일 말고는 한 일이 없지. 그래서 그들은 사람 한 명을 죽이려면 몇 그램의 폭약이 필요한지 정확히 꿰고 있지만, 신에게 기도는 어떻게 드리는 건지, 어떻게 하면 단 한 시간이라도 즐겁고 만족스럽게 지낼 수 있는지 따위에 관해서는 아는 바가 없다고. 교내 동호회만 해도 그래. 부유층이 모여드는 유흥가도 마찬가지지만 말이야. 죄다 가망이 없지! 그러니 내 친구 싱클레어. 그런 실정에서 뭔가 고무적인 건 나올 수 없어. 그들은 이렇듯 불안하고 초조한 상태로 모여들어 두려움과 악의로 가득한 채 살아가지. 누구도 다른 이를 신뢰하지 않아. 그들은 더 이상 존재하지 않는 이상에 매달리며 새로운 이상을 제시하는 이가 나타나면 그에게 돌을 던져대지. 아마도 대단한 분열이 일어날 것 같아. 꼭 그럴 테니 두고 보라고! 그것도 머지않아 그렇게 될 거야! 물론 그렇게 분열이 일어난다고 해서 이 세상이 더 나아지진 않겠지. 노동자들이 제조업자를 살해하거나 러시아와 독일이 전쟁을 벌인다 해도 그건 그저 소유권 변동의 문제일 따름일 테니까. 그래도 완전히 헛된 일은 아니겠지. 오늘날의 이상에 파탄이 올 테고 석기시대의 신들은 죄다 사라질 거야. 지금의 이 세상은 소멸되고 파괴될 거라고. 바로 우리 목전에서 벌어지고 있는 일이지."

"그럼 그러는 동안 우린 어떻게 되는 거야?" 내가 그에게 질문을 던졌다.

"우리말이야? 우리도 아마 같이 파괴되겠지. 하지만 그렇다고 해서 책임이 면제되진 않아. 그때까지도 남아 있는 것, 아니면 그와 같은 재앙에서 살아남은 자들 주위로 미래의 정신이 모여들 거야. 그리고 여기 우리의 유럽이 과학과 산업의 장을 통해 오래도록 외쳐 온 인류의 의지 역시 드러나겠지. 그러고 나면 인류의 의지는 지금의 공동체와 국가 및 국민, 단체와 교회의 의지와는 절대 어디서건 동일시될 수 없다는 사실이 분명해질 거야. 자연이 인간에게 바라는 바는 너나 나처럼 몇 안 되는 개인들 안에 기록되어 있어. 예수와 니체 안에도 기록되어 있지. 오늘날의 공동체가 붕괴될 경우 이러한 중요 기류들만이 살아남을 여지가 있는 거야. 물론 그 기류들은 매일같이 다른 형태를 띨 수 있겠지만 말이야."

우리가 강가의 어느 정원 옆에 멈춰 섰을 땐 밤이 꽤 깊어 있었다.

"난 여기 살아"라고 데미안이 말했다. "곧 한번 들르라고! 네가 많이 보고 싶었으니까 말이야."

한껏 마음이 들뜬 나는 서늘한 밤공기를 가르며 왔던 길을 되돌아갔다. 여기저기를 누비며 소란을 떤 학생들도 마을을 가로질러 비틀대며 귀가 중이었다. 나는 종종 경멸감과 박탈감을 느끼며 그들의 유쾌한 떠들썩함과 내 고독한 일상 간의 극명한 대조를 확인하곤 했다. 하지만 차분하고 고요한 확신과 더불어 오늘에서야 나는 깨달았다. 그 모든 것들이 나와는 크게 상관없으며 이제는 그러한 세계가 얼마나 멀고 죽은 것처럼 여겨지는지를 말이다. 문득 고향 마을의 공무원들이 떠올랐다. 그들은 하나같이 대학 시절 술에 취해 흥청대던 기억을 부여잡고 있는 중요 인사들로 마치 그것이 행복한 낙원에 대한 기억인 것처럼 굴었다. 게다가 시인이나 '낭만주의자'들이 어린 시절의 기억에 심취하듯 그들도 그렇게 사라져버린 학창 시절의 '자유'를 추종했다. 정말이지 어디서건 마찬가지였을까? 그들은 늘 과거의 어느 시점에서 '자유'와 '행복'을 구하려 했다. 그들은 자신들에게 부여된 책임과 앞으로 나아가야 할 길에 대한 생각이 불쑥 떠오를까봐 두려웠던 것이다. 알고 보면 그들은 몇 년에 걸쳐 흥청망청 마셔대며 실컷 즐긴 후 각자의 껍질로 기어 들어 갔다가 나랏일을 돌보는 진지한 성인으로 거듭났던 것이다. 그렇다, 그건 나태였다. 우리 사회엔 이 나태의 정신이 만연해 있었던 것이다. 그리고 적어도 학생들의 이러한 어리석음은 우리 주변의 수많은 다른 어리석음에 비하면 그다지 우둔하지도 악하지도 않았다.

마을에서 멀리 떨어진 내 거처에 도착해 잠자리에 들었을 땐 이 모든 생각 따윈 사라져버리고 마음은 기대에 가득 차 그닐 하루가 내게 선사한 위대한 희망에 온통 쏠려 있었다. 이제 곧 조속한 시일 내에 데미안의 어머니를 뵙게 될 터였다. 바로 내일! 학생들이 술판을 벌이고 얼굴에 문신을 하든, 이 세상이 나태에 빠져 파괴될 날만을 기다리든 그게 다 무슨 상관이랴! 내가 기다리는 건 단 한 가지였다. 바로 내 운명이 새로운 모습으로 다가오길 고대한 것이다.

나는 아침 늦게까지 단잠을 잤다. 어린 시절 이후로는 경험하지 못했던 엄숙한 축일과도 같은 새날이 밝아왔다. 나는 한껏 초조했지만, 두려움이라곤 전혀 느끼지 못했다. 그리고 내겐 아주 중요한 날이 밝았음을 직감했다. 나는 내 주변 세계가 바뀌었음을, 기대에 찬, 의미 있고 엄숙한 분위기를 목격하고 체험했다. 부드럽게 내리는 가을비조차 나름의 아름다움을 발산했고 잔잔한 축일의 공기는 행복하고 신성한 음악으로 가득한 듯했다. 난생처음으로 바깥 세계가 내 안의 세계와 완벽히 들어맞는 느낌이었다. 특별하다고 여겨지는 날엔 산다는 게 축복인 것만 같은 그런 경우처럼 말이다. 그날 거리에 늘어선 집이나 상점의 진열창, 사람들의 표정은 전혀 내 심기를 건드리지 못했다. 모든 건 제자리를 지켰지만 그렇다고 해서 일상의 생기 없고 단조로운 모습이라곤 찾아볼 수 없었다. 오히려 숙연히 운명을 마주할 채비를 마치고 그날을 기대하고 있었던 것이다. 어릴 적 크리스마스와 부활절처럼 성대한 축일의 아침에 바라본 세상이 바로 그렇게 보였었다. 그러니까 난 세상이 아직도 그토록 아름다울 수 있다는 걸 한동안 잊고 있었던 것이다. 따지고 보면 난 내 안의 내적 삶에 익숙해져 있었고, 바깥 세계에 대한 감각을 상실함에 따라 바깥 세계의 밝은 색채를 잃었으며 그와 동시에 어린 시절 역시 어쩔 수 없이 잃어버렸다는 사실을 받아들였다. 그뿐만 아니라 그 순수하고 밝은 빛을 포기함으로써 영혼의 자유와 성숙함을 얻은 대가를 어느 정도 치러야 한다는 사실 역시 받아들이게 되었다. 그런데 지금 그 모든 관점은 내 시야가 흐려진 데서 도출된 것일 뿐, 자유로이 '해방된' 자와 어린 시절의 행복을 단념한 자 역시 빛나는 세상을 바라보고 어린아이가 느끼는 기분 좋은 황홀감을 만끽할 수 있음을 깨닫게 된 것이다.

그날 밤 막스 데미안과 헤어졌던 마을 외곽의 정원을 다시 방문할 순간이 도래했다. 드높은 벽과 뿌연 회색빛 나무들 뒤로 밝고 아늑한 분위기의 아담한 집 한 채가 모습을 드러냈다. 높은 유리벽 뒤쪽엔 키 큰 식물들이 자라 있었고 반짝이는 창문 너머로 그림이 걸린 짙은 색 벽과 책장이 보였다. 현관문을 열고 들어가면 곧장 아담하고 훈훈한 복도가 나왔는데, 말수가 적고 피부가 검은 늙은 하녀가 하얀색 앞치마를 두르고 나와 나를 안쪽으로 안내하며 코트를 받아들었다.

그녀는 복도에 나를 혼자 남겨둔 채 곧장 사라져버렸다. 주변을 두리번거리던 나는 불현듯 내 꿈 한가운데로 쏠려 들어가는 듯한 느낌을 받았다. 왜냐하면 문 위쪽 양관 벽 높은 곳에 검은색 액자 안에 익숙한 그림이 걸려 있었기 때문이다. 그건 바로 지구를 깨고 나오려 발버둥 치는 황금빛 매의 머리를 지닌 내가 그린 새였다. 소스라치게 놀란 나는 미동도 없이 그 자리에 서 있었다. 기쁨과 고통이 뒤섞인 감정이 내 가슴을 파고들었다. 그 순간 이전까지 내가 행하고 경험한 모든 것들이 응답과 성취라는 형태로 되돌아온 것만 같았던 것이다. 불현듯 수많은 그림이 내 마음속의 눈앞을 획 하고 스쳐 지나가는 듯했다. 아치형 문 위를 장식한 낡은 문장이 있는 고향 집과 문장을 스케치하던 소년 데미안, 적대적인 크로머의 사악한 술수에 깊이 빠졌던 소년 시절의 나 자신, 교실 책상에 앉아 잠자코 내 욕망을 담은 새를 그리던 청소년기의 나, 스스로 짠 복잡한 실의 꼬임 속에서 길을 잃은 내 영혼, 그리고 지금 이 순간에 이르기까지의 모든 것이 내 안에서 새로운 울림을 찾은 동시에 확인받고 응답받았으며 인정받았다.

나는 젖은 눈으로 그림을 응시하며 생각에 잠겨 있었다. 그러다 문득 시선이 아래로 향했고 새 그림 아래쪽을 봤더니 열린 문을 통해 검은색 드레스를 차려입은 키 큰 여인이 보였다. 바로 그녀였다.

정말이지 나는 단 한 마디도 내뱉을 수 없었다. 자신의 아들과 마찬가지로 세월이 비껴간 듯하면서도 내면의 강인함이 차오르는 얼굴을 한 그녀는 아름답고 기품 있는 태도로 내게 친근한 미소를 지어 보였다. 그녀의 시선이야말로 성취감을 안겨줬고 그녀가 건네는 인사는 귀향을 의미했다.

"당신이 싱클레어군요. 단번에 알아봤답니다. 어서 와요."

그녀의 목소리는 깊고도 따스해서 나는 그만 달콤한 와인이라도 마시듯 그 음성을 들이키고 말았다. 그리고 마침내 나는 고개를 들어 그녀의 고요한 얼굴을, 검고 불가해한 두 눈을, 생기 있고 성숙한 입술을, 그리고 넓고 기품 있는 데다 그 '표시'를 지닌 그녀의 이마를 바라보았다.

"이렇게 뵙게 되어 얼마나 기쁜지요." 나는 그녀의 두 손에 입 맞추며 말을 이었다. "평생 동안 헤매기만 하다가 드디어 집에 온 것 같군요."

그녀는 자애로운 미소를 지어 보였다.

"진실로 집에 이르는 자는 없답니다." 그녀가 상냥하게 말을 이었다. "하지만 그 길에서 우정과 조우한다면 잠시나마 이 세상이 아늑한 집인 것처럼 보일 수도 있겠지요."

그녀는 내가 이 집으로 오는 도중에 느낀 바를 그대로 표현하고 있었다. 그녀의 음성과 그녀가 선택한 단어들조차 그 아들과 닮아 있었지만 그와 동시에 꽤 다르기도 했다. 그녀와 관련된 모든 것들은 보다 성숙하고 더 따뜻하고 더 확신에 차 있었다. 하지만 예전에 막스가 소년 같은 인상을 풍기지 않았던 것처럼 그의 어머니 역시 장성한 아들을 둔 어머니처럼 보이지 않았다. 그녀의 얼굴과 머리칼에는 너무도 젊고 매력적인 기운이 감돌았고 아름다운 피부는 탄력 있고 매끈한 데다 입술에는 생기가 돌았다. 그녀는 내 꿈속에서 보다 훨씬 더 위풍당당한 모습으로 내 앞에 서 있었고, 이토록 가까이서 그녀를 접할 수 있다는 건 더없는 행복이요 그녀의 시선은 일종의 성취였다.

그러니까 이것이 바로 내 운명이 스스로를 드러내는 새로운 형식이었다. 그것은 더 이상 엄격하지도 나를 떼어놓지도 않았으며 생생하면서도 쾌활했다! 나는 어떤 다짐도 맹세도 하지 않았다. 나는 목표에 도달했으며 그렇게 높은 지점에서 보면 내 앞에 뻗은 길이 멀고도 매혹적으로 비쳤다. 약속의 땅에 오르는 중에 만나게 되는 그 길은 다가오는 행복이 깃든 우듬지로 인해 그늘이 드리워지고 온갖 기쁨으로 가득한 정원을 통해 시원하게 식혀졌다. 앞으로 내게 어떤 일이 벌어지든 이 여인이 세상에 존재함으로써 내가 그녀의 음성을 마시고 그녀의 존재를 숨 쉬며 들이마실 수 있다면 그 자체로 나는 행복했다. 그녀가 내 어머니이자 연인, 여신이 될 수만 있다면! 그녀가 바로 여기 있을 수만 있다면! 내가 가는 길이 그녀와 가까울 수만 있다면!

문득 그녀가 내 매 그림을 가리켰다.

"이 그림만큼 막스를 기쁘게 한 건 없답니다." 그녀는 사색에 잠긴 듯한 목소리로 입을 열었다. "그건 제게도 마찬가지였고요. 우린 당신이 오길 기다렸지요. 그림을 받고서는 당신이 여기로 올 거란 걸 알았어요. 그대가 어린 소년이었을 때 말이에요, 싱클레어. 어느 날 우리 아들이 학교에서 돌아와 이렇게 말하더군요. '이마에 그 표시가 있는 남자아이를 만났어요. 그 애랑 친구가 되어야만 해요.' 그게 바로 당신이었죠. 물론 당신은 어려운 시기를 거쳤지만, 우린 당신을 믿었답니다. 그러고는 방학을 맞아 집에 왔을 때 한 번 더 막스와 마주친 적이 있었죠. 그때 당신은 열여섯 살쯤이었을 거예요. 막스가 이야기해줬어요……."

"막스가 그 이야기까지 했군요. 그땐 제 인생에서 가장 끔찍한 시기였죠." 나는 이렇게 말하며 잠시 그녀의 말을 끊었다.

"맞아요, 막스는 이렇게 말했죠. '이제 싱클레어로서는 최악의 시간을 맞게 될 거예요. 그는 아마 또다시 다른 이들 사이로 숨어들려 하겠죠. 술집까지 돌아다니고 있더라니까요. 그래도 마음대로 되진 않을 거예요. 그 표시가 잠시 흐려져 있긴 하지만 그것이 속에서 타오를 테니까요.' 막스 말이 맞는 건가요?"

"네, 부인. 정확히 그런 상황이었답니다. 그러고 나서 전 베아트리체라는 소녀를 알게 되었고 그러다 마침내 선도자를 만나게 되었습니다. 그는 피스토리우스라는 사람이었어요. 그때서야 알겠더군요. 어찌하여 제 어린 시절이 데미안과 그토록 밀접하게 연관되어 있는지, 그리고 왜 그에게서 벗어날 수 없는지를 말이죠. 에바 부인, 어머니, 당시 전 종종 이만 목숨을 끊어야겠다고 생각했답니다. 다른 이들도 이토록 힘든 길을 걷는 건가요?"

그녀가 산들바람만큼이나 가볍게 내 머리를 어루만졌다.

"태어나기란 늘 힘든 법이죠. 새가 알을 깨고 나오는 것도 쉽지 않잖아요. 이제 다시 한 번 찬찬히 생각해보고 자신에게 물어봐요. 그 길은 그토록 힘들었던가? 아름다운 면도 있지 않았던가? 라고요. 좀 더 아름답거나 쉬운 길을 염두에 두고 있었나요?"

나는 고개를 흔들었다.

"힘들기만 했어요." 나는 마치 잠이라도 든 것처럼 몽롱하게 말했다. "그 꿈이 찾아들 때까진 힘들었죠."

그녀는 고개를 끄덕이며 나를 똑바로 쳐다봤다.

"그래요, 당신의 꿈을 찾아야 합니다. 그러면 그 길이 수월해지죠. 하지만 그렇다 하더라도 지속되는 꿈이란 없는 법이에요. 하나의 꿈이 사라지면 새로운 꿈이 흘러나오죠. 그러니 어떤 꿈도 꽉 부여잡으려 해선 안 돼요."

나는 크게 충격을 받았다. 그럼 이미 경고 메시지가 있었단 말인가? 벌써 방어 조치도 한 걸까? 어찌 되었건 크게 달라질 건 없었다. 나는 그녀의 인도에 따를 채비가 되었으나 정확한 목적지에 관해선 차마 묻지 못했다.

"저도 잘 모르겠습니다." 나는 말을 이었다. "제 꿈이 얼마나 지속될진 모릅니다. 그 꿈이 영원할 수 있다면 좋겠지요. 마치 어머니와 연인처럼 제 운명은 저 새 그림 아래에서 저를 받아들였죠. 전 그 어떤 것도 아닌 운명의 손안에 있지요."

"그 꿈이 당신의 운명인 한, 그리고 당신이 그 운명에 충실한 한은 그렇겠지요." 그녀는 진지한 어투로 분명히 말했다.

순간 갑작스러운 슬픔과 함께 마법과 같은 그 시간에 그만 죽어버리고 싶다는 열망이 휘몰아쳤다. 눈물이 끊임없이 차올라 멈출 수가 없었다. 마지막으로 울었던 게 까마득한 옛일인 것만 같았다. 나는 홱 돌아서서는 창문으로 걸어가 멀리 화분들을 바라보았다. 눈물이 앞을 가렸다.

등 뒤에서 그녀의 목소리가 들려왔다. 그 음성은 침착했지만 와인으로 찰랑거리는 잔처럼 상냥함이 넘쳐흘렀다.

"싱클레어, 당신은 아이예요! '운명'은 당신을 사랑한답니다. 당신이 변함없이 충실한 모습을 보인다면 꿈에서 그랬던 것처럼 언젠가 운명은 온전히 당신의 것이 될 거예요."

평정심을 되찾은 나는 다시 그녀 쪽으로 몸을 돌렸다. 그녀가 손을 내밀었다.

"저도 친구들이 좀 있죠." 웃음 띤 얼굴로 그녀가 말했다. "그중 친하게 지내는 몇몇 친구들만 저를 '에바 부인'이라고 부른답니다. 괜찮으면 당신도 그들처럼 해도 돼요."

그녀는 나를 문 쪽으로 이끌더니 문을 열어젖히고는 정원 쪽을 가리켰다. "막스는 저기 있어요."

나는 그렇게 멍하니 동요된 상태로 키 큰 나무들 아래쪽에 서 있었다. 난 내가 전보다 더 깨어 있는지 아니면 더 꿈속에서 헤매고 있는 건지 알 수 없었다. 나뭇가지에서 빗방울이 가만히 떨어져 내렸다. 나는 강과 접한 정원으로 발걸음을 옮겼다. 마침내 데미안이 눈에 들어왔다. 그는 사방이 트인 정자에 서서 허리춤까지 탈의를 한 채 매달려 있는 모래주머니를 상대로 권투 연습을 하던 중이었다.

나는 걸음을 멈춘 채 놀라움을 금치 못했다. 넓은 가슴과 단단하고 남성적인 머리가 돋보인 데미안은 눈에 띄게 아름다웠다. 그가 들어 올린 팔은 팽팽한 근육이 돋보여 더욱 크고 강해 보였다. 둔부와 어깨, 팔에서 비롯된 그의 움직임은 솟아나는 샘물처럼 유려하고 힘찼다.

"데미안." 나는 그를 불렀다. "여기서 뭐 하는 거야?"

그가 유쾌하게 웃어 보였다.

"연습하는 거야. 그 키 작은 일본인과 권투 시합을 하기로 했거든. 그는 고양이처럼 날렵하지. 물론 속임수도 많이 쓰겠지만 말이야. 하지만 이번엔 날 이기지 못할걸. 심하진 않았지만 지난번에 창피당한 걸 만회해야지."

데미안은 셔츠와 재킷을 걸쳤다.

"방금 어머니랑 있다 온 거지?" 그는 내게 대뜸 이렇게 물었다.

"그래. 맞아, 데미안. 정말 멋진 어머니를 뒀더구나! 에바 부인이란 이름도 어머니랑 너무 잘 어울려. 그녀는 정말이지 모두의 어머니 같아."

그는 잠시 생각에 잠긴 듯한 표정으로 내 얼굴을 들여다봤다.

"그래, 벌써 그 이름을 알게 된 거야? 이봐, 그럼 스스로 자랑스러워해도 될 거야. 어머니가 누굴 만나서 한 시간 만에 그 이름을 알려준 건 네가 처음이라고."

그때부터 난 아들이자 형제, 그리고 연인이라도 된 듯 그 집을 자주 드나들었다. 집에 발을 들인 후 등 뒤로 대문을 닫을 때나 혹은 집이 가까워져 멀리 정원의 키 큰 나무들이 조금씩 보이기 시작할 때면 내 마음은 풍요로움과 행복으로 차올랐다. 바깥은 '현실' 세계로 거리와 집들, 사람들, 각종 기관들, 도서관, 그리고 강의실이 있었다. 하지만 여긴 사랑과 영혼이 살아 숨 쉬는 꿈과 전설의 안식처였던 것이다. 하지만 그렇다고 해서 우리가 바깥세상과 차단되어 살았다는 건 아니다. 그 배경이 다르긴 해도 우린 생각과 논의를 통해 종종 바깥세상의 정중앙에 머물곤 했다. 또 우린 그 어떤 경계를 통해 다수의 사람들과 구분된 게 아니라 또 다른 관점으로 인해 그들과 나뉘었다. 우리의 역할이라면 원형原型이 될 수도 있겠지만 세상에 섬 하나를 제시하고 우리의 생활 방식을 통해 삶에 새로운 가능성을 선포하는 것이었다. 오랫동안 혼자였던 난 완전한 고독을 맛본 자들만이 경험할 수 있는 동지애에 대해 알게 되었다. 그러고 나서는 더 이상 운 좋은 이들의 식탁이나 축복받은 자들의 연회를 갈망하지 않게 되었다. 그뿐만 아니라 다른 이들의 공동체 생활을 지켜보게 되더라도 더 이상 부러워하거나 향수에 잠기지 않았다. 그리고 서서히 이마에 그 '표시'를 지닌 자들의 비밀에 대해서도 눈뜨게 되었다.

그 '표시'를 지닌 자들은 세상 사람들에게 이상하게 보이기 마련이며 때로는 미쳤거나 위험하다고 간주되기도 한다. 우리는 '깨어 있거나' '깨어나는' 상태이며 깨어 있는 각성 상태를 점점 더 오래 유지하기 위해 노력을 기울인다. 반면 나머지 부류는 자신의 생각과 이상, 의무, 그리고 삶과 행복을 무리의 그것과 점점 더 밀접하게 동일시하려고 노력하며 행복을 추구한다. 물론 그 역시 노력이며 힘이자 위대함이라 할 수 있다. 하지만 우리가 보기엔 우리는 자연의 뜻을 대변하면서 그것을 새로이 하고 개별화하며 앞으로 나아가지만, 그 밖의 다른 이들은 그것을 영구히 보존하려는 욕구를 바탕으로 살아왔다. 그들 역시 우리와 같이 인류애를 품긴 했지만 그들에게 인류란 유지되고 보호되어야 할 완전한 그 무엇이었다. 한편 우리에게 인류는 우리가 겨냥하여 나아가는 멀리 있는 목표 지점으로 누구도 그 모습이 어떤지 모를뿐더러 그 법칙은 어디에도 기록되어 있지 않다.

에바 부인과 막스, 나 말고도 아주 다양한 유형의 여러 구도자가 밀접하게 혹은 보다 일반적인 방식으로 우리 부류에 속했다. 그들 중 다수는 특정한 길을 갔고 특별한 목표를 택했으며 구체적인 생각과 의무를 신뢰했다. 그들 중에는 점성술사와 카발라 신자, 톨스토이 백작의 신봉자들, 온갖 방식으로 예민하고 수줍어하며 상처받기 쉬운 자들, 새로운 종파의 교인들, 인디언 풍습을 추종하는 자들, 채식주의자 등의 부류도 있었다. 하지만 우리 각자가 다른 편의 비밀스러운 이상을 존중하는 것 말고는 이들과 우리 사이엔 그 어떤 공통된 정신적 연결 고리도 없었다. 그런가 하면 신과 새로운 이상을 과거에서 찾는데 관심 있는 자들은 우리와 좀 더 가까웠다. 그들의 심취한 모습은 피스토리우스를 떠올리게 했다. 그들은 책을 가져와 고대어로 기록된 글을 번역해줬으며 고대의 상징과 의식을 그린 삽화를 보여줬다. 또 그들은 인류가 소유한 모든 것들이 어떻게 무의식적 정신에서 비롯된 이상들로 구성되어 있는지 볼 수 있도록 일러줬다. 그 무의식적 정신이라는 꿈속에서 인류는 미래의 가능성에 대한 막연한 개념을 더듬어 좇았다. 이렇게 우리는 머리가 수천 개 달린 고대 세계의 멋진 신들에서부터 기독교 개종의 시작까지 방대한 내용을 살펴볼 수 있었다. 그뿐만 아니라 우리는 고독한 성인들의 신념을 비롯해 다양한 민족 별로 종교가 어떻게 달라지는지에 대해서도 알게 되었다. 그리고 우리가 이런 식으로 그러모은 모든 내용을 토대로 우리 시대와 현대 유럽에 관한 비판적 이해를 습득할 수 있었다. 현대 유럽은 막대한 노력을 기울여 신무기를 창출해냈지만, 끝내는 깊은 정신적 황량함에 빠져버렸다. 전 세계를 정복했지만 그 과정에서 고유의 정신을 잃게 된 것이다.

이 부류에는 특정한 희망과 신념을 좇는 신봉자와 지지자도 포함되었다. 유럽을 개종해보려는 불교 신자들, 톨스토이 신봉자들과 그 외 다른 여러 종파들처럼 말이다. 좀 더 친밀한 관계에 있던 우리로선 미래가 어떤 모습을 띨지 불안해하지 않아도 되었다. 모든 종파와 신념은 이미 죽어 아무런 소용도 없어 보였다. 우리가 인정한 유일한 의무와 운명이란 우리 각자가 완전히 자기 자신이 될 것이며 자기 안에 자리한 자연이 품은 씨앗에 충실함으로써 그에 따라 살아갈 것, 그리하여 미지의 미래에 어떤 일이 벌어지더라도 늘 준비 태세를 갖추는 것이었다.

표현을 하든 그렇지 않든 우리는 분명히 알고 있었던 것이다. 그러니까 현시대의 붕괴와 더불어 새로운 탄생이 임박했으며 우리는 이미 그걸 인식할 수 있음을 말이다. 데미안은 종종 내게 이렇게 말하곤 했다. "앞으로 벌어질 일은 우리가 상상할 수 있는 그 이상일 거야. 유럽의 정신은 아주 오래도록 속박당한 한 마리 짐승과 같아. 그 짐승이 풀려나는 날, 그가 처음 접하게 되는 자극은 그다지 마음에 들지 않을 수도 있어. 하지만 그 길은 곧게 뻗어 있든 굽어 있든 중요하지 않아. 너무 오래 지속적으로 마비되고 그릇된 길로 인도되어 온 바로 그 정신의 진정한 필요성이 마침내 드러날 거란 걸 생각하면 말이지. 그리고 바로 그때 우리의 시대가 도래할 거고, 그러면 우리를 필요로 하게 되겠지. 지도자나 새 입법자로서가 아닌 (물론 우리가 그때까지 살아남아 새 법이 제정되는 걸 보지도 못하겠지만) 기꺼이 앞으로 나아가 운명이 필요로 하는 곳에 서 있을 채비가 된 사람들로서 말이야. 모든 이들이 자신만의 이상이 위협받는 상황이 오면 놀라운 일을 성취할 채비가 된 걸 보라고. 하지만 새롭고 이상적이지만 동시에 낯설고 위험해 보이는 데다 비밀스럽기까지 한 새 삶의 움직임이 시작되려 할 땐 그 자리에 아무도 없게 마련이야. 우린 전진할 채비를 마치고 그곳에 있을 몇 안 되는 사람들에 속하지. 카인처럼 우리가 그 표시를 지닌 것도 그 때문이야. 두려움과 증오를 불러일으켜 사람들을 상상력이 부족한 이상에서 몰아내 보다 위험한 길로 이끌기 위해서지. 인류의 진전을 꾀한 사람들이라면 예외

없이 자신들의 운명을 받아들일 준비가 되어 있었기에 그토록 유능하고 효율적일 수 있었던 거야. 모세와 부처가 그러했고 나폴레옹과 비스마르크도 그랬지. 어떤 특정한 흐름을 타는지, 어느 극의 영향력 아래에 있는지 등의 문제는 누군가 선택할 수 있는 게 아니야. 만일 비스마르크가 사회 민주주의자들을 이해하고 그들의 입장을 받아들였더라면 상황 판단이 빠른 사람 축에 속했겠지만 운명을 따른 자는 못 되었겠지. 나폴레옹이나 시저, 로욜라 같은 인물들도 알고 보면 죄다 마찬가지야. 누구든 자신이 처한 상황을 생물학적이자 역사학적으로 이해해야 하는 법이지. 지구 표면에 대변동이 일어나 바다 생물이 육지로, 육지 생물이 바다로 던져졌을 때 운명에 따른 표본들은 새롭고도 대단한 성과를 이룩했지. 그러니까 생물학적으로 새롭게 적응함으로써 자신들의 종을 파멸로부터 구제한 거라고. 다만 이 표본들이 자신들의 종들 가운데서 현 상태를 유지하려는 확고한 보수주의자로 구별되었는지 아니면 별난 혁명가들이었는지는 알 수 없지만, 그들은 준비되어 있었던 까닭에 자신들의 종을 진화의 새 단계로 이끌 수 있었다는 사실만은 분명한 거지. 이 때문에 우리도 준비되고자 하는 거란다."

우리가 이러한 논의를 벌이는 동안 에바 부인은 종종 자리를 함께했지만 굳이 논의에 참여하진 않았다. 그녀는 무한한 신뢰와 이해를 바탕으로 우리가 생각을 이야기하면 청자이자 반향으로서 역할을 다해주었다. 그래서인지 우리의 모든 생각이 그녀로부터 비롯되어 결국엔 그녀에게로 돌아가는 듯했다. 어쨌든 나로서는 그녀 가까이 앉아 때때로 그 음성을 듣고 그녀를 에워싼 풍요롭고도 고무적인 분위기를 함께한다는 것 자체가 더없는 행복이었다.

내 심기가 불편하거나 내 안에서 새로운 진전이 일어나기라도 하면 그녀는 그걸 단번에 알아차렸다. 또 밤중에 꾸는 꿈은 대부분 그녀에게서 영감을 받는 것만 같았다. 내가 수시로 꿈 이야기를 할 때면 그녀는 그 꿈을 이해하기 쉽고 자연스러운 것으로 받아들였다. 그러니까 그녀가 직감적으로 이해할 수 없는 불가사의한 내용이라곤 없었던 것이다. 한동안 내 꿈은 낮에 우리가 나눴던 대화의 패턴을 따랐다. 그러니까 꿈속에서 전 세계가 혼동에 휩싸인 가운데 혼자서 혹은 데미안과 함께 나는 잔뜩 긴장한 채 운명적 순간을 기다리곤 한 것이다. 운명의 모습은 가려져 있긴 했지만 에바 부인의 형상을 하고 있었다. 그녀에게 선택되느냐 아니면 거부당하느냐 그것이야말로 운명이었다.

그녀는 자주 웃으며 이렇게 말하곤 했다. "당신의 꿈은 아직 완전하지 못해요, 싱클레어. 정작 제일 좋은 부분은 잊고 있네요." 그러고 나면 그 최고의 부분이 떠올라 대체 어쩌다 그걸 잊게 된 건지 이해할 수 없을 때도 있었다.

이따금씩 난 치미는 욕구로 인해 안절부절못하고 고통에 시달리곤 했다. 더 이상은 그녀를 품에 안지 못한 채 그녀 곁에 머물 수 없을 것 같았다. 그녀는 곧 내가 이런 상태임을 알아차렸다. 한번은 며칠 동안 모습을 드러내지 않다가 괴로워하며 그곳을 찾았더니 그녀가 나를 한쪽으로 데려가서는 이렇게 말했다. "당신이 믿지 못하는 욕구에 굴복해선 안 돼요. 당신이 뭘 바라는지 알고 있답니다. 하지만 당신은 그 욕구를 버리거나 아니면 그 욕구를 품는 것이 전적으로 정당하다고 여길 수 있어야 할 거예요. 마음으로부터 그 욕구가 실현될 거라고 확신하면서 그것을 구한다면 머지않아 바라는 대로 이루어질 겁니다. 그런데 지금 당신은 우선 무언가를 바란 다음 그걸 후회하며 또 잔뜩 불안해하죠. 그 모든 걸 극복할 수 있어야 해요. 이야기를 하나 들려줄게요."

그녀는 별을 사랑한 한 청년의 이야기를 들려줬다. 그는 바닷가에 선 채 팔을 뻗어 별을 숭배했다. 그리고 별에 관한 꿈을 꿨고 그의 모든 생각이 별에 쏠렸다. 하지만 그는 인간이 별을 안을 순 없다는 사실에 대해 알았거나 혹은 안다고 생각했다. 그래서 그는 바람이 이루어지리란 희망을 전혀 품지 않은 채 별을 사랑하는 일이야말로 자신의 운명이라고 여겼다. 또 그러한 맥락에서 그는 포기와 고통, 잠잠한 괴로움에 관한 시적 철학을 수립함으로써 자신을 가다듬고 정화하려 했다. 하지만 그의 꿈은 죄다 그 별을 향했다. 어느 날 그는 밤중에 바닷가에 자리한 높은 절벽 위에 서서 별을 바라보며 그 별에 대한 사랑으로 불타올랐다. 그러다 별에 대한 열망이 한껏 커진 순간 그는 별을 향해 공중으로 뛰어올랐다. 하지만 뛰어오른 바로 그 순간에도 이런 생각이 그의 뇌리를 스쳤다. '이건 불가능한 일이야.' 그렇게 그는 산산이 부서진 채 바닷가에 누워 있게 된 것이다. 그는 어떻게 사랑해야 할지 몰랐다. 만일 뛰어오르던 순간에도 자신의 사랑이 이루어질 거라 확신하고 줄곧 믿었더라면 아마 그는 하늘 높이 날아올라 별과 하나가 될 수 있었으리라…….

"사랑은 애원해서 되는 게 아니랍니다." 그녀는 곧바로 이렇게 덧붙였다. "요구해서도 안 되고요. 사랑이라면 확신에 이르는 길을 찾아낼 힘이 있어야 하죠. 그럴 때라야만 그저 상대에게 매료되기보다 상대를 매료시킬 수 있는 거랍니다. 싱클레어, 당신의 사랑은 내게 매료되었죠. 그 사랑이 나를 매료시키기 시작하는 날 전 당신에게 갈 겁니다. 난 나를 그냥 허락하진 않겠어요. 그보단 쟁취되는 편을 택할 겁니다."

그 다음번에 그녀는 또 다른 이야기를 들려주었다. 그건 짝사랑에 빠진 한 남자에 관한 이야기였다. 그는 자기 안으로 웅크리고 들어가 사랑으로 인해 자신이 흔적도 없이 타버릴 거라고 생각했다. 그는 세상을 잃은 듯했고 더 이상 푸른 하늘과 녹음이 짙은 숲을 보지 못했다. 개울물 소리도 들리지 않았으며 하프의 선율도 즐겁지 않았다. 더 이상 그 무엇도 중요하지 않았고 그는 점차 가련하고 비참해져 갔다. 그러나 그의 사랑은 커져만 갔기에 그는 자신이 열중해 있는 이 아름다운 여인을 포기하느니 차라리 무너져 내려 죽는 걸 택할 지경이었다. 그러다 그는 자신의 격정이 자기 안에 자리한 다른 모든 것들을 태워버렸음을 감지했고, 그런 마음은 갈수록 강력해지고 자성을 띠게 되어 그 아름다운 여인이 마침내 끌려오기에 이르렀다. 그녀가 다가왔고 그는 그녀를 자기 쪽으로 끌어당겨 안으려 팔을 뻗었다. 그런데 그녀가 바로 앞까지 다가와 선 순간 그녀는 모습을 완전히 바꾸어버렸다. 그는 깨달았다. 자신이 잃었던 걸 전부 되찾았음을. 그렇게 그의 앞에 선 그녀는 마침내 자신을 내주었고, 하늘과 숲, 개울은 새롭고도 눈부시게 빛나는 색채로 그에게 되돌아와 그만의 언어로 말을 걸어왔다. 그는 그저 한 여인을 쟁취한 것이 아니라 이 세상 전부를 마음에 품은 거였다. 하늘의 별들이 그 안에서 빛났으며 기쁨이 그를 휘감아 흘렀다. 그는 사랑했고 그렇게 함으로써 자신을 찾아냈다.

내 삶 전체가 에바 부인에 대한 사랑으로 차오르는 듯했다. 하지만 그녀는 매일같이 달라 보였다. 나는 종종 내가 그토록 갈망한 대상이 그녀라는 한 사람이 아니며, 그녀는 내 내면의 자아에 대한 표면적 상징으로 존재하고 그녀의 유일한 목적은 내가 나 자신 안으로 보다 깊숙이 파고들 수 있도록 이끄는 것이라 여겼다. 또 그녀가 언급한 것들은 종종 나를 괴롭힌 시급한 질문들에 대한 내 무의식적 정신의 답변처럼 들렸다. 그런가 하면 이따금 그녀 옆에 앉아 있다가 관능적 욕구에 불타오른 나머지 그녀의 손이 닿았던 물건에 입맞춤하는 순간도 있었다. 그렇게 서서히 관능적 사랑과 초월적 사랑이, 그리고 현실과 상징이 한데 뒤섞였다. 내 방으로 돌아와 조용히 그녀에 대한 생각에 몰두하다 보면 그녀의 손을 잡는 듯하고 그녀의 입술이 내 입술에 와 닿는 것처럼 느껴지기도 했다. 아니면 그녀가 곁에 있어 그녀의 얼굴을 들여다보고 그녀의 음성을 들으며 그녀와 대화하는 것 같으면서도 그런 그녀의 모습이 진짜인지 꿈인지 모르기도 했다. 나는 우리가 어떻게 지속적인 불멸의 사랑에 사로잡힐 수 있는지 깨닫기 시작했다. 또 독서를 통해 새로운 종교에 대한 지식을 얻게 되면 에바 부인이 입맞춤해줄 때와 똑같은 기분이 들곤 했다. 그녀는 따뜻한 애정을 담뿍 담아 내 머리를 쓰다듬고 내게 미소 지어 보였으며 그럴 때마다 난 내 내면의 자아에 대한 지식이 향상된 경우와 동일한 기분을 느끼곤 했다. 그녀라는 한 사람은 내게 의미 있고 운명적인 모든 걸 포용했다. 그녀는 내 생각 하나하나로 변모될 수 있었고 내 생각 역시 그녀로 바뀔 수 있었다.

크리스마스 휴가를 앞두고 나는 다소 염려스러웠다. 에바 부인과 떨어져 부모님 집에서 보내게 될 이 주라는 시간은 분명 고통스러울 것 같았기 때문이다. 하지만 막상 닥치고 보니 상황은 꼭 그렇지만은 않았다. 그녀를 떠올리며 집에서 지내는 것도 꽤 멋진 일이었던 것이다. 그래서 난 H시로 돌아오고 나서도 이틀가량을 그녀와 떨어져 있으면서 그녀로부터의 물리적 독립과 안정적인 상태를 만끽하고자 했다. 나는 또 꿈을 꾸기도 했는데 꿈속에서 그녀와의 결합은 상징적 행위로 이루어졌다. 그러니까 내 꿈속에서 그녀는 별이었고 나는 그녀에게로 향하는 별이었다. 마침내 우리는 만나게 되었고 서로에게 매료되어 함께 머물렀으며 음악이 울려 퍼지는 가운데 행복에 겨워 서로의 주변을 영원히 빙빙 돌았다.

그 집을 다시 방문하게 된 첫날 나는 그녀에게 이 꿈을 털어놓았다.

"정말 아름다운 꿈이군요." 그녀는 조용히 되뇌었다. "그 꿈을 실현하세요!"

내가 결코 잊지 못할 이른 봄의 어느 날이었다. 나는 복도에 발을 들였고 열린 창을 통해 부드러운 바람이 들어와 히아신스의 진한 향을 퍼뜨렸다. 주위엔 아무도 없었기에 나는 막스 데미안의 공부방이 있는 위층으로 곧장 올라갔다. 가볍게 노크를 한 뒤 늘 그렇듯 굳이 대답을 기다리지 않은 채 나는 방 안으로 들어갔다.

커튼이 쳐진 탓에 방 안은 어두컴컴했다. 막스가 화학 실험실로 꾸민 작은 옆방으로 통하는 문이 열려 있는 게 보였다. 열린 문을 통해 비구름을 뚫고 빛나는 맑고 새하얀 봄날의 햇빛이 흘러들어 왔다. 방 안에 아무도 없다고 생각한 나는 커튼 한쪽을 열어젖혔다.

그러자 커튼이 드리워진 창가 의자에 웅크리고 앉아 있던 막스 데미안이 모습을 드러냈다. 그는 이상하게도 뭔가 달라 보였고, 지난날 이와 꼭 같은 순간을 이미 경험했다는 사실이 내 뇌리를 스치고 지나갔다. 그는 힘없이 팔을 늘어뜨린 채 손을 무릎 위에 두고 있었다. 고개를 약간 숙이고 있던 그는 눈을 뜬 상태였지만 특별히 무언가를 보고 있지 않아 초점이 없었다. 눈동자에 비친 한 줄기 가느다란 빛은 산산이 부서진 유리 조각과도 같았다. 퍼렇게 질린 듯한 그의 얼굴은 공허한 데다 아무런 표정도 없었으며 시선은 어느 한 군데에 무섭도록 고정되어 있었다. 그런 그의 모습은 신전의 입구를 지키는 오래된 동물의 두상 같아 보이기도 했다. 그는 숨을 쉬지 않는 듯했다.

불현듯 기억이 물밀듯 밀려왔다. 이전에도 한번 그가 정확히 이런 식으로 보였던 적이 있었던 것이다. 그건 몇 년 전으로 거슬러 올라가 내가 아직 어린 소년이었을 적의 일이었다. 당시에도 그의 시선은 바로 그런 식으로 내면을 향해 있었고 두 손은 생기 없이 포개져 있었다. 그리고 파리 한 마리가 그의 얼굴 위를 기어갔었다. 6년 전 바로 그때도 그는 성숙한 데다 시간을 비껴간 듯한 이런 모습을 하고 있었다. 오늘날 그의 얼굴은 주름 하나까지 예전과 다르지 않았다.

별안간 두려움이 엄습해온 탓에 나는 조용히 방을 빠져나와 아래층으로 서둘러 내려갔다. 복도에 이른 나는 에바 부인과 마주쳤다. 그녀는 창백하고 피로해 보였으며 그녀의 그런 모습은 이전까지 내가 알지 못했던 것이었다. 바로 그때 창문 위로 그늘이 져 새하얗고 눈부시던 햇살은 갑자기 사라지고 말았다.

"막스 방에 다녀왔어요." 나는 속삭이듯 부드럽게 말했다. "그에게 무슨 일이 있었던 건가요? 잠이 든 건지 아니면 그냥 늘어져 있는 건지 전 잘 모르겠더라고요. 이전에도 한 번 그런 모습을 본 적이 있긴 합니다만……."

"막스를 깨우진 않았겠죠?" 그녀가 조용히 되물었다.

"그럼요, 그는 제 소릴 못 들었습니다. 제가 방을 바로 빠져나왔 거든요. 말씀해주세요, 에바 부인. 막스에게 무슨 일이 벌어진 거 죠?"

"걱정 말아요, 싱클레어. 아무 일도 없으니까요. 그는 그저 자기 안으로 웅크리고 들어가 있을 뿐이에요. 금방 원래대로 돌아올 겁 니다."

비가 내리기 시작했지만 그녀는 자리에서 일어나 정원으로 걸어 들어갔다. 아무래도 내가 따라붙는 걸 그녀가 원치 않는 듯했기에 나는 잠자코 복도를 왔다 갔다 하며 강렬한 히아신스 향기를 들이 마셨다. 그러다 문득 문 위에 걸린 새 그림을 응시하며 그날 아침부 터 집 안을 가득 메운 답답하고 낯선 공기를 들이켰다. 그건 뭐였을 까? 대체 무슨 일이 벌어졌던 걸까?

오래지 않아 에바 부인이 돌아왔다. 빗방울이 그녀의 짙은 머리 칼에 붙어 있었다. 안락의자에 앉은 그녀는 지친 듯했다. 나는 그녀 에게 다가가 허리를 굽히고는 그녀의 머리칼에 붙은 빗방울에 입 맞췄다. 그녀의 두 눈은 밝고 침착했지만 머리칼에서 떨어진 빗방 울에선 왠지 모르게 눈물 같은 맛이 배어났다.

"막스를 보러 가도 될까요?" 나는 속삭이듯 말했다.

그녀는 희미한 미소를 지어 보이더니 이렇게 대답했다.

"어린아이처럼 굴지 마세요, 싱클레어." 그녀는 마치 자기 안에 걸어둔 마법이라도 풀려는 듯 나를 타일렀다. "이제 가봐요. 그리고 나중에 다시 오도록 하세요. 지금은 당신과 이야길 나누지 못하겠 어요."

그 집과 마을을 서둘러 벗어난 나는 가는 빗줄기가 비스듬히 내리치는 가운데 산 쪽을 향해 걸음을 옮겼다. 낮게 깔린 구름이 두려움에 짓눌리기라도 한 듯 순식간에 휩쓸려 지나갔다. 지면에 가까워질수록 바람은 거의 일지 않았지만, 고도가 높아질수록 바람은 폭풍처럼 불었다. 새하얗고 눈부신 햇살이 잠깐씩 강철 빛깔 구름의 틈새를 뚫고 나가는 광경이 몇 번 목격되었다.

그러다 좀 더 매혹적인 노란색 구름이 하늘을 뒤덮는가 싶더니 또 다른 잿빛 구름층을 만나 포개졌다. 곧이어 몇 초도 채 지나지 않아 바람은 노란색과 푸른 잿빛이 뒤섞인 구름층을 움직여 새로운 형태를 만들어냈다. 그건 바로 강청색 혼돈에서 빠져나온 거대한 새였는데 크게 날갯짓을 하며 창공으로 날아올랐다.

곧이어 폭풍이 몰아치는 소리가 들려옴과 동시에 우박과 비가 섞여 요란스레 내리쳤다. 한 차례 비가 휘몰아친 풍경 위로 짧지만 믿기 힘들 정도로 무시무시한 천둥 갈라지는 소리가 쩍하고 들려왔다. 뒤이어 눈부신 햇살이 비집고 나왔고, 인근 산을 덮은 창백한 눈은 갈색 숲 위로 퍼렇게 비현실적으로 반짝였다.

몇 시간 후 비에 흠뻑 젖고 바람에 휩쓸린 채 돌아왔을 땐 데미안이 직접 문을 열어주었다.

그는 위층에 있는 자신의 방으로 나를 데려갔다. 실험실에서는 가스버너가 타올랐고 종잇조각들이 바닥 여기저기에 흩어져 있었다. 데미안은 실험 중이었던 것이다.

"거기 앉으렴." 그가 자리를 권했다. "많이 지쳤겠구나. 지독한 폭풍우였지. 바깥에서 힘들었겠네. 차를 가져다달라고 해뒀어."

"오늘은 좀 이상한 날이야." 나는 머뭇거리며 말을 꺼냈다. "이 폭풍이 다가 아니라고."

그는 탐색하듯 내 표정을 살폈다.

"너 뭔가를 본 거니?"

"그래, 맞아. 구름 속에서 어떤 모습을 봤어. 아주 잠깐이지만 꽤 분명하게 보였다고."

"어떤 모습 말이야?"

"그건 새였어."

"매 말이야? 그 매가 맞아? 네 꿈에 나타난 그 새?"

"맞아, 그건 바로 내 매였지. 노란색을 띤 거대한 그 새는 검푸른 하늘 속으로 날아갔어."

데미안은 크게 한숨을 내쉬었다.

바로 그때 노크 소리가 나더니 늙은 하녀가 차를 내왔다.

"어서 마셔, 싱클레어. 네가 그 새를 보게 된 게 그저 우연은 아니었다고 봐."

"우연? 그런 걸 우연히 목격하는 사람도 있던가?"

"그러게 말이야. 그런 사람은 없지. 그렇다면 이건 뭔가를 의미하는 거야. 무슨 의미인지 알겠니?"

"아니. 난 그냥 그게 세상의 격변에 대한 전조인 것 같아. 운명의 한 걸음을 내딛는 거지. 그리고 그건 우리 모두와 연관이 있다고 봐."

그는 이리저리 서성거렸다.

"운명의 한 걸음이라고?" 그가 소리치듯 말했다. "어젯밤 나도 같은 꿈을 꿨고 어머니 역시 동일한 메시지를 품은 예감을 느끼셨지. 난 나무의 몸통이나 탑에 기대놓은 사다리를 타는 꿈을 꿨어. 마침내 사다리 맨 위에 이르렀을 땐 아래로 보이는 드넓은 평지와 도시, 그리고 마을이 온통 불길에 휩싸여 있었어. 모든 게 속속들이 기억나는 건 아냐. 아직 좀 혼란스럽기도 하고 말이야."

"그 꿈이 네게 어떤 개인적 메시지를 보내고 있는 거야?" 내가 대뜸 질문을 던졌다.

"물론이지! 누구도 자신과 관계없는 꿈은 꾸지 않는 법이라고. 하지만 이건 나하고만 연관된 게 아니야. 네 말이 맞아. 난 보통 꽤 정확히 꿈을 구분하는 편인데 내 영혼에 영향을 주는 꿈과 인류의 모든 운명이 관련된 꿈이 있어. 물론 그런 유의 꿈은 좀처럼 꾸지 않았을뿐더러 그중 예언으로서 실현된 꿈도 없었어. 꿈에 대한 해석들도 너무 모호하긴 하지. 그런데 이번엔 틀림없이 나하고만 관련된 꿈은 아니었어. 그 꿈은 내가 이전에 꿨던 다른 꿈들과도 연결되어 있고 그 꿈들을 지속시켜 주지. 그리고 그 꿈은 이전에 네게 말했던 예감을 불러일으켰어. 그러니까 알다시피 우리가 사는 이 세상은 극도로 나태해져 있어. 하지만 그 때문에 세상이 파멸할 거라고 예견하기엔 충분한 이유가 못 돼. 그런데 지난 몇 년 동안 난 구세계의 붕괴가 임박했음을 알리는 꿈을 꿔왔어. 이 꿈은 처음엔 막연히 멀기만 한 예감에 불과했지만, 곧 아주 강하고 명백해졌지. 내가 연관된 끔찍한 어떤 일이 엄청난 규모로 벌어질 거고, 내가 아는 건 그게 다야. 싱클레어, 우리가 그토록 자주 입에 올렸던 그게 뭐가 됐건 간에 우린 거기서 살아남을 거야. 세상은 다시금 새로워질 거야. 죽음의 냄새가 풍겨. 따지고 보면 죽음 없이는 그 어떤 새로운 것도 일어나지 않는 법이야. 하지만 어쨌든 짐작하는 것보다 훨씬 더 끔찍한 일이 벌어질 것 같구나." 나는 겁에 질려 그를 쳐다봤다.

"네 꿈의 나머지 부분도 이야기해줄래?" 나는 조심스레 그에게 물었다.

그는 고개를 가로저어 보였다.

"아니, 그만하자."

마침 그때 문이 열리면서 에바 부인이 방 안으로 들어왔다.

"그래, 여태 여기 같이 앉아 있었구나! 기분이 안 좋은 건 아니겠지, 얘들아?"

그녀는 생기를 되찾은 듯했고 피곤함의 흔적은 사라지고 없었다. 데미안이 그녀를 향해 미소 짓자 그녀는 잔뜩 겁먹은 아이들에게 다가가는 어머니처럼 우리 쪽으로 왔다.

"기분이 나쁘진 않아요, 어머니. 저흰 그냥 이 낯선 징조들이 던진 수수께끼를 풀어보려 한 것뿐이에요. 하지만 뭐, 상관없어요. 뭐가 됐든 일은 갑작스레 벌어질 테니까요. 일은 갑자기 터질 테고 그럼 우린 우리가 알아야 할 바를 알게 되겠죠."

하지만, 난 잔뜩 기분이 가라앉았다. 작별 인사를 하고 복도를 지날 즈음엔 강렬하던 히아신스 향기도 희미해지고 무미건조한 데다 죽은 것처럼 느껴졌다. 머리 위로 그늘이 드리워지고 있었다.

8

종말의 시작

나는 여름 학기 내내 H시에 머물렀다. 우리는 내부분의 시간을 강가 정원에서 보냈다. 참고로 그 일본인 학생은 권투 시합에서 완패한 후 어디론가 떠나버렸고 톨스토이 숭배자도 더는 볼 수 없었다. 데미안은 날마다 키우던 말을 타고 나가 한참을 있다 돌아오곤 했다. 그렇게 나는 종종 그의 어머니와 둘이 남았다.

이따금씩 난 그토록 만족스러운 삶을 사는 나 자신에게 놀라곤 했다. 난 너무도 오래 혼자인데 익숙했고 모든 걸 부정하는 삶을 산 데다 늘 무거운 짐을 지고 있다고 여겼기에 H시에서 보낸 이 몇 달이 마치 꿈의 섬에서 보낸 시간 같았던 것이다. 그 섬에서 난 아름답고 기분 좋은 요소들에 둘러싸여 안락하고 황홀한 생활을 영위할 수 있었다. 그건 마치 우리가 미루어 짐작하던 새롭고 더 고차원적인 동지애에 대한 전조라는 예감이 들기도 했다. 그런가 하면 그 행복이 마냥 지속될 수 없다는 걸 알기에 난 다시금 너무도 큰 안타까움에 사로잡혔다. 충만함과 안락함 속에서 자유롭게 숨 쉰다는 건 전혀 내 몫이 아니었으며 내겐 고통의 박차가 가해져야만 했던 것이다. 언젠가 이 아름다운 꿈에서 깨어나는 날 나는 고독이나 투쟁 말고는 아무것도 존재하지 않는 냉혹한 다른 이들의 세계에 또다시 홀로 서게 될 터였다.

이때부터 난 에바 부인을 향해 커져만 가는 감정을 품은 채 그녀에게 더 가까이 다가가려 했으며 내 '운명'이 여전히 평온하고 멋진 모습을 하고 있어서 기쁠 따름이었다.

그해 여름은 그렇게 별일 없이 쏜살같이 지나가버렸다. 한 학기도 거의 마무리 단계에 이르러 곧 작별의 시간이 도래할 터였다. 하지만 난 그런 생각에 빠져선 안 되었고 자연히 그러지도 않았다. 대신 꿀을 찾는 나비가 꽃에서 떨어지지 않듯 난 여전히 행복한 나날들을 붙들고 늘어졌다. 그때야말로 나의 황금기로 내가 처음으로 뭔가를 성취하고 매혹적인 부류의 일원으로 받아들여진 시기였다. 이다음엔 어떤 일이 벌어질까? 난 다시금 투쟁하고 오래된 갈망에 몸부림칠 것이며 꿈을 품은 채 홀로 살아가게 될 터였다.

어느 날은 그런 예감이 너무도 강하게 엄습한 탓에 에바 부인에 대한 내 사랑도 급작스레 타올라 너무도 고통스러웠던 적이 있었다. 맙소사, 남은 시간이 너무도 짧았다. 조금 있으면 더 이상 그녀를 보지 못할 테고 집 안을 거니는 당당한 그녀의 발걸음 소리도 못 들을 것이며 그녀가 책상 위에 둔 꽃마저도 못 보게 될 참이었다! 그런데 난 여태 무엇을 이루었던가? 난 그녀를 쟁취하고 그녀를 얻으려 투쟁하고 그녀를 부여잡아 영원히 내 곁에 두는 대신 평온한 꿈에 빠져 느긋한 나날을 보냈었지! 불현듯 진실한 사랑에 관해 그녀가 언급한 모든 이야기가 한꺼번에 밀려들었다. 어쩌면 내 마음에 동요를 일으킨 수백 가지 훈계와 점잖은 약속들, 그리고 격려의 말까지 함께 말이다. 그런데 이 모든 것을 토대로 난 무엇을 이루었던가? 내가 이룬 건 아무것도 없었다.

방 한가운데 선 채로 나는 내 의식을 전부 그로모아 에바 부인을 떠올렸다. 내 영혼의 힘을 남김없이 모아 그녀로 하여금 내 사랑을 알아차리게 하고 그녀를 내 쪽으로 끌어당기고 싶었던 것이다. 그녀는 내게 와야만 하는 사람이었다. 그녀는 내가 포옹해주길 열망할 것이며 그녀의 영근 입술은 내 입맞춤으로 떨릴 터였다.

나는 몸을 일으켜 손과 발이 안쪽에서부터 차가워질 때까지 최대한 정신을 집중했다. 서서히 힘이 빠져나가는 게 느껴졌다. 잠시나마 내 안의 무언가가, 그러니까 밝고 차가운 뭔가가 수축하는 듯했다. 마치 내 마음속에 유리 결정체가 자리하고 있는 것 같다는 생각이 스쳤다. 난 그게 바로 나 자신임을 깨달았다. 차가운 냉기가 가슴까지 차올랐다.

이토록 끔찍한 긴장 상태에서 벗어나자 무슨 일인가 벌어지고 있다는 느낌이 들었다. 나는 극도로 피곤했지만, 눈부시게 황홀한 에바 부인이 내 방으로 걸어 들어온다면 기꺼이 그 광경을 볼 채비가 되어 있었다.

길거리 아래쪽에서부터 올라오는 말발굽 소리가 점점 더 가까워지는 듯하더니 갑자기 멈춰버렸다. 나는 창가로 내달렸고 말에서 내리는 데미안이 보였다. 난 아래층으로 뛰어 내려갔다.

"무슨 일 있어 데미안? 어머닌 괜찮으시지?"

그에겐 내 말이 들리지 않는 듯했다. 그의 얼굴은 아주 창백했고 이마 양쪽에서부터 땀이 흘러내려 뺨까지 이르렀다. 그는 지친 말의 고삐를 정원 울타리에 묶어둔 채 내 팔을 붙잡고 길거리를 걸어

내려갔다.

"있잖아, 그거 아니?"

그때까지 난 아무것도 아는 게 없었다.

데미안은 내 팔을 꽉 한 번 누르더니 내 쪽으로 얼굴을 돌리고는 이상하리만치 동정 어린 침울한 표정을 지어 보였다.

"그래, 맞아 친구. 이젠 시작된 거야. 우리와 러시아가 긴장된 관계에 있었다는 건 너도 알고 있었을 거야……."

"뭐? 그럼 전쟁이 난 거야? 전쟁이 일어날 거라곤 한 번도 생각해 본 적이 없어."

주위엔 아무도 없었지만 그는 속삭이듯 조용히 말을 이었다.

"아직 전쟁이 정식으로 선포된 건 아니지만 어쨌든 전쟁이라고 볼 수 있지. 확실하다고. 이전까진 이런 문제로 네게 걱정을 끼치진 않았을 거야. 하지만 그때 이후로 난 세 번에 걸쳐 새로운 징후를 경험했지. 세상의 종말이 오거나 지진, 혹은 혁명이 벌어진다는 건 아니고, 전쟁이 벌어질 거란 징후 말이야. 이제 곧 전쟁이 사람들에게 어떤 영향을 미치는지 보게 될 거야. 그들은 전쟁에 열광하며 환호성을 질러대겠지. 이미 모두가 첫 번째 공습을 기대하고 있다고. 그만큼 삶이 지루해졌다는 증거지. 하지만 너도 곧 알게 될 거야, 싱클레어. 이건 단지 시작에 불과하다는 걸 말이야. 그러니까 아주 대규모의 더 큰 전쟁이 벌어질 수도 있어. 새로운 세상이 도래하고 그렇게 되면 과거에 매여 있던 사람들에겐 아주 끔찍한 세상이 될 거야. 넌 어떻게 할 참이니?"

난 그만 말문이 막혀버렸다. 그가 한 말은 죄다 너무나 낯선 데다 실현 가능성이 없는 일처럼 들렸다.

"글쎄, 잘 모르겠어. 넌 어때?"

그는 어깨를 으쓱해 보였다.

"즉각 동원령이 내려질 거야. 나도 소환되겠지. 난 중위거든."

"네가 중위라니! 난 전혀 몰랐어."

"그래, 그건 내가 타협한 방식들 중 하나지. 알다시피 난 이목을 끌기 싫어하고 늘 지나치다 싶을 정도로 뭔가를 바로잡으려 들지. 어쨌든 아마 난 일주일 내로 전선에 투입되어 있을 거야."

"맙소사……."

"이봐, 그렇다고 해서 너무 감상에 빠지진 말라고. 살아 있는 목표물을 향해 발포 명령을 내리는 게 즐거울 리 없지만, 그건 그저 내 직책에 따르는 일일 뿐이야. 이제 우리 각자는 모두 거대한 바퀴와 같은 움직임에 휩쓸리겠지. 그래, 너도 마찬가지고 말이야. 틀림없이 너도 곧 징집당할 테지."

"그럼 너희 어머닌 어떡하고, 데미안?"

그제야 난 바로 십오 분 전에 벌어졌던 일을 다시 떠올릴 수 있었다. 그 사이 세상은 얼마나 극적으로 변해버렸던가! 조금 전까지만 해도 난 가장 귀한 이미지를 상기하려고 온 힘을 그러모으고 있었건만 이제 운명은 불현듯 암울하고도 위협적인 가면을 쓴 채 나를 무섭게 노려보고 있는 것이다.

"어머니 말이야? 아, 어머닌 걱정하지 않아도 돼. 어머니께선 이 세상 누구보다도 안전하게 계시니까 말이지. 그런데 너 정말 그 정도로 어머니를 사랑하는 거니?"

"그럼 넌 다 알고 있었던 거구나, 데미안."

그는 기분 좋게 웃어 보였다. 그건 아무런 제지도 받지 않은 자유로운 웃음이었다.

"이 친구야! 난 물론 알아차렸지! 어머니를 사랑하지 않고서 '에바 부인'이라고 부른 사람은 없었다고. 그나저나 어떻게 해낸 거야? 네가 오늘 나나 어머니에게 메시지를 보낸 거지? 그렇지?"

"그래, 내가 부른 거야. 에바 부인을 불렀다고……."

"어머니께서도 알고 계셨어. 그래서 갑작스레 나를 보내신 거란다. 네게 가봐야 할 것 같다고 하셨어. 어머니께 러시아 관련 소식을 전해드리던 참이었지."

우리는 왔던 길을 되돌아갔고 이야기를 더 많이 나누진 않았다. 데미안은 묶어두었던 고삐를 풀고 말에 올랐다.

위층에 있는 내 방으로 돌아와서야 데미안이 전해준 소식과 그 이전에 겪은 긴장감으로 인해 내가 얼마나 녹초가 된 건지 알아차릴 수 있었다. 하지만 어쨌거나 에바 부인은 내 부름을 알아들었다. 내 마음으로부터 우러난 메시지가 그녀에게 전달된 것이다. 그녀가 직접 나를 찾아올 수도 있는 문제였다. 아무튼 이 모든 전개가 얼마나 기이하고도 아름다운지 몰랐다. 이제 전쟁이 발발할 것이고 우리가 그토록 자주 거론했던 일이 벌어질 터였다. 그리고 데미안은 일이 그렇게 될 거란 걸 이미 잘 알고 있었다. 세상의 흐름이 더 이상 막연히 어딘가에 국한되지 않는다는 건 얼마나 기이한 일이던가. 그 흐름은 갑자기 우리의 심장을 관통하고 있었던 것이다. 격렬하고 운명적인 모험이 우리를 손짓해 부르고 조만간 세상이 우리를 필요로 하는 순간이, 그리고 세상이 뒤바뀔 순간이 도래할 거란 사실은 또 얼마나 이상한 일인가 말이다. 역시 데미안이 옳았다. 우리는 상황을 감상적으로 받아들여선 안 되는 것이다. 단 한 가지 주목

할 만한 일이라면 이제 내가 나만의 고독한 '운명'을 사실상 다른 여러 사람과 그리고 전 세계와 공유하게 될 거란 사실이었다. 잘된 일이었다. 난 준비가 되어 있었다. 저녁 무렵 마을을 지나다 보니 거리 곳곳이 흥분으로 한껏 들썩였다. 모두가 '전쟁'이라는 단어를 내뱉고 있었다.

나는 에바 부인을 찾아갔다. 우리는 정자에서 저녁을 먹었고, 나 말고 다른 손님은 없었다. 우리 중 누구도 전쟁에 대해선 한 마디도 꺼내지 않았다. 나중에 내가 떠날 때가 되어서야 에바 부인이 입을 열었다. "싱클레어, 당신은 오늘 나를 불렀지요. 내가 직접 당신을 찾아가지 않은 이유는 알 거예요……. 하지만, 잊지 마세요. 이제 내게 메시지 보내는 법을 아니까요. 다음부턴 '표시'를 지닌 누군가가 필요하면 저를 다시 부를 수 있겠죠."

그녀는 자리에서 일어나 황혼 녘의 정원을 가르며 앞으로 나아갔다. 키가 크고 기품 있는 신비로운 내 여인은 고요한 나무들 사이를 걸었고 그런 그녀의 머리 위로 수많은 별이 어여쁘게 반짝였다.

이제 내 이야기도 막바지에 이르렀다. 일은 생각보다 빨리 진행되었다. 머지않아 전쟁이 발발했고 데미안은 낯설지만 멋진 군복에다 은회색 코트를 걸친 모습으로 우리를 떠났다. 나는 그의 어머니를 집까지 데려다주었다. 그녀는 내 입술에 입 맞추고는 잠시 나를 꼭 껴안았다. 타는 듯한 그녀의 커다란 두 눈이 내 눈을 뚫어지게 응시했다.

마치 모든 이들이 형제가 된 것 같은 분위기였다. 그들이 애국심과 명예로 여긴 건 사실 운명이었으며 사람들은 잠시나마 운명의 드러난 얼굴을 흘깃 쳐다볼 수 있었다. 청년들은 병영을 떠나 기차에 올랐으며 나는 그중 수많은 얼굴들에서 일종의 '표시'를 읽어 냈다. 그건 우리가 지닌 표시는 아니었지만 헌신과 죽음을 의미하는 고귀하고도 가치 있는 표시였다. 나 역시 이전엔 보지도 못한 사람들의 포옹을 받고 그 뜻을 헤아렸으며 기쁜 마음으로 화답했다. 그건 일종의 도취로 운명의 의지와는 아무런 상관이 없었으나, 그 짧은 순간 그들 모두가 운명의 눈동자를 응시한 까닭에 가히 고귀한 도취라 할 만했다.

내가 전선으로 선발되어 나갔을 땐 이미 겨울이 다가오던 시점이었다. 난생처음 포화를 경험하는 데서 오는 흥분에도 불구하고 나는 어느새 환멸을 느꼈다. 그도 그럴 것이 예전에는 이상을 위해 살아간다는 것이 왜 그리 드문 일인지를 두고 생각에 잠기곤 했었다. 그런데 지금은 실로 많은 이들이 하나의 이상을 좇아 죽을 수도 있다는 사실을 확인한 것이다. 그들에게 자신이 선택한 자유로운 이상은 아무 소용이 없었으며, 이상이란 마땅히 공유하고 받아들일 수 있는 것이어야 했다.

하지만 점차 시간이 흐름과 동시에 나는 그간 내가 인간을 과소평가했음을 알아차렸다. 수많은 역할과 공통된 위험으로 인해 획일화될지언정 나는 여러 산 자와 죽은 자들이 의젓하게 운명의 의지로 접근해가는 걸 보았던 것이다……. 너무도 많은 이들이 전투 중은 물론 일상의 순간마다 아득히 먼 데를 바라보는 듯하면서도 단호하고 광적인 눈빛을 지녔다. 그리고 그 눈빛은 목적을 알지 못한 채 순간의 공포에 완전히 흡수된 상태를 나타내고 있었다. 그들이 믿고 생각하는 것이 무엇이든 간에 그들은 채비가 되어 있고 소모될 수 있었기에 이들로부터 미래의 모양이 갖춰질 터였다. 또 세상이 점점 더 전쟁과 영웅주의, 명예와 그 밖의 모든 낡은 이상들에 주력할수록 인류의 명확한 속삭임은 멀고도 비현실적인 소리로 전락해갔다. 하지만 어쨌거나 이 모든 건 표면적 현상에 지나지 않았다. 전쟁의 대외적 정치적 목적에 대한 질문이 피상적인 것과 마찬가지로 말이다. 그리고 그 아래 깊숙한 곳에선 새로운 인류와 흡사한 무언가가 모습을 갖춰가고 있었다. 비록 많은 이들이 바로 내 옆에서 죽어가긴 했지만, 증오와 분노, 학살과 절멸은 진정한 궁극의 목적과 밀접한 관련이 없다는 사실에 대해 알고 있는 사람들 역시 여전히 많다는 걸 나는 직접 목격했던 것이다. 아니, 그렇다기보다 목적과 마찬가지로 그 목표물들 역시 꽤나 우발적이었다. 가장 원시적이면서도 무엇보다 격렬한 감정조차 사실은 적을 겨냥하지 않았다. 피비린내 나는 그들의 임무도 그저 내면의 영혼이 바깥으로 분출된 것이라 볼 수 있다. 게다가 그 영혼은 분노와 살해, 전멸과 죽음을 통해 새롭게 태어나고자 하는 욕망으로 가득한 분열된 영혼인 것이다. 거대한 새 한 마리가 알을 깨고 나오려 치열한 싸움을 벌이고 있었다. 그 알을 세계라고 간주한다면 그 세계부터 산산이 부서져야 함이 마땅한 것이다.

초봄의 어느 날 밤 나는 우리가 점령한 한 농장 앞에 서 있었다. 세찬 바람이 변덕스럽게 불어닥치는 가운데 미풍이 스쳤고, 드높은 플랑드르의 하늘 위로 구름이 무리 지어 몰려갔다. 그리고 그 구름 뒤 어딘가에는 달이 숨어 있을 것만 같았다. 그날따라 난 종일 막연한 두려움에 시달리며 불안에 떨었다. 주변이 온통 어두컴컴한 가운데 경계근무를 서다 보니 내 인생에서 중요했던 인물들, 그러니까 에바 부인과 데미안에 대해 깊이 생각해보게 되었다. 나는 포플러

나무에 기댄 채 빠르게 지나가는 구름을 응시했다. 비밀스레 숨어 있던 밝은 빛의 균열은 곧바로 커다랗게 부풀어 오르며 순식간에 스쳐 지나가는 형태로 바뀌었다. 불현듯 맥박이 약해지고 비바람도 못 느낄 정도로 피부가 둔감해지며 내면으로부터 응답할 채비가 됨에 따라 나는 인도자 혹은 지도자가 멀지 않은 곳에 있음을 직감했다.

구름을 뚫고 대도시 하나가 보였고 거기서 수백만 명에 달하는 사람들이 쏟아져 나와 광활한 대지 위로 끝없이 퍼져나갔다. 흩어지는 사람들 한가운데에선 마치 하느님과 같은 장대한 형상 하나가 성큼성큼 걸어 나왔다. 그 형상의 머리칼에선 별들이 빛났고 그 형상은 마치 산처럼 거대했지만 에바 부인의 모습이 깃들어 있었다. 그녀는 거대한 동굴 마냥 줄지어 밀려드는 사람들을 흔적도 없이 삼켜버렸다. 여신은 바닥에 쭈그리고 앉았고 그 '표시'가 그녀의 이마에서 반짝였다. 그녀는 꿈에 지배되는 듯했다. 눈을 감은 그녀의 얼굴이 고통스러운 듯 일그러졌다. 그러다 갑자기 그녀가 크게 소리치자 이마에서 별들이 튀어 나왔고, 수천 개에 달하는 그 별들은 우아한 곡선을 그리며 어두운 하늘 높이 솟구쳤다.

그 별들 중 하나가 선명하게 울리는 소리를 내며 곧장 내 쪽으로 날아들었다. 마치 나를 찾기라도 하는 듯이 말이다. 그러더니 울부짖는 듯한 소리와 함께 그 별이 터지더니 수천 개의 불꽃으로 부서져 내렸다. 나는 하늘 높이 들어 올려졌다가 다시금 바닥으로 내동댕이쳐졌다. 우레 같은 굉음과 함께 세상이 내 위에서 산산이 부서졌다…….

나는 흙투성이가 된 채 상처를 많이 입은 상태로 포플러 나무

근처에서 발견되었다.

어느새 난 지하 저장고에 누워 있었고 내 위로 포격 소리가 쾅쾅 터졌다. 나는 대부분의 시간을 잠을 자며 무의식 상태로 보냈다. 그런데 더 깊이 잠에 빠질수록 누군가 계속 나를 끌어당기고 그래서 난 나를 지배하는 그 어떤 힘에 이끌려감을 느꼈다.

나는 어느 마구간의 짚단 위에 누워 있었다. 주변은 캄캄했고 누군가 내 손을 밟았다. 하지만 내면의 자아는 갈 길을 재촉해댔고 나는 그 어느 때보다 더 강력하게 끌어당겨졌다. 이번엔 어떤 마차에 누워 있었는데 나중에 보니 들것 내지는 사다리 위에 누운 듯했다. 그 어느 때보다 더 다급하게 나는 어딘가로 소환된 듯한 느낌을 받았고 반드시 그곳에 가야만 한다고 생각했다.

난 드디어 목표한 지점에 도달해 있었다. 한밤중이었고 나는 완전히 의식이 돌아온 상태였다. 나는 이제 막 거부할 수 없는 내면의 욕구를 느낀 터였다. 그러고 나서 난 어떤 방 안의 바닥에 펼쳐진 침구 위에 누워 있었는데, 내가 소환된 바로 그곳에 이르렀음을 알아차렸다. 나는 잠시 주위를 훑어보았다. 내 매트리스와 인접한 또 다른 매트리스에 누워 있던 누군가가 앞으로 몸을 숙인 채 나를 바라보고 있었다. 그는 이마에 그 '표시'를 지니고 있었다. 바로 데미안이었다.

나는 말을 할 수 없었고 그 역시 말이 나오지 않거나 그러고 싶지 않은 듯했다. 그는 흐뭇한 듯 나를 쳐다봤다. 그의 위쪽 벽에 달린 등에서 나온 불빛이 그의 얼굴에 어른거렸다. 문득 그가 미소를 지어 보였다.

그는 실로 오랜 시간 내 눈을 응시한 끝에 우리가 서로에게 거의 닿을 때까지 자신의 얼굴을 내 얼굴 쪽으로 조금씩 움직였다.

"싱클레어!" 그가 속삭였다.

나는 내가 그를 알아봤음을 눈짓으로 표시했다. 그는 거의 동정하듯 다시 한 번 미소를 지어 보였다.

"이봐, 친구." 여전히 미소를 머금은 채 그가 입을 열었다.

이제 그의 입술은 내 입술에 꽤나 근접해 있었다. 그는 조용히 말을 이었다.

"너 아직도 프란츠 크로머를 기억하니?" 그가 내게 물어왔다.

나는 그렇다는 의미로 눈을 깜빡이고 미소까지 지어 보였다.

"그럼 잘 들어, 싱클레어. 난 이제 가봐야 해. 앞으로 크로머나 아니면 다른 문제로 내 도움이 필요할 수 있어……. 그때 내게 메시지를 보내면 난 더 이상 투박하게 말을 달리거나 기차를 타고 네게 오지 않을 거야. 그러니 그땐 네 안의 목소리에 귀 기울이다 보면 네 안에서 이야기하는 내 목소릴 들을 수 있을 거야. 알아듣겠니? 아, 그리고 한 가지 더……. 에바 부인이 그러더구나. 만일 네가 아주 나쁜 상황에 처하게 되면 부인이 보내는 입맞춤을 대신 좀 전해달라고 말이야……. 자, 눈을 감아봐, 싱클레어."

나는 순순히 눈을 감았다. 좀처럼 피가 멎지 않던 내 입술 위로 스치듯 부드러운 입맞춤이 느껴졌다. 나는 곧 잠이 들었다.

다음 날 아침 사람들이 나를 깨웠다. 상처를 치료해야 했던 것이다. 마침내 제대로 잠에서 깬 나는 바로 옆 매트리스 쪽으로 황급히 몸을 돌렸다. 거기엔 한 번도 본 적 없는 낯선 사람이 누워 있었다.

상처를 치료하는 과정은 고통스러웠다. 이후 내게 벌어진 그 밖의 모든 일 역시 고통스럽긴 매한가지였다. 하지만 이제 그럴 때면 난 종종 열쇠를 찾아 들고 내 안을 깊숙이 들여다본다. 그곳엔 운명의 이미지들이 어두컴컴한 거울 속에 잠들어 있다. 그리고 그 검은 거울 쪽으로 몸을 구부리면 내 모습이 보인다. 내 벗이자 지도자인 그와 똑같이 닮아 있는 내 모습이.

작가 연보

1877년 7월 2일, 독일 뷔르템베르크의 소도시 칼프에서 개신교 선교사이
        던 아버지 요하네스 헤세와 어머니 마리 군데르트 사이에서 장남
        으로 태어나다.
1881년 양친과 함께 바젤로 이사하여 거주하다.
1883년 스위스 국적을 얻다(그전에는 러시아 국적).
1886년 9세에 다시 칼프로 돌아와 1889년까지 김나지움에 다니다.
1890년 신학교 시험 준비를 위해 괴핑겐의 라틴어 학교에 다니다. 뷔르템
        베르크 국가시험에 합격, 신학자 위한 첫 관문 통과하다.
1891년 명문 신학교이자 수도원인 마울브론 기숙신학교에 입학하다. '시인
        이 되지 못하면 아무 것도 되지 않겠다'며 도망쳐 나오다.
1892년 4~5월에 블룸하르트 목사가 있는 바트볼에서 지내다. 6월에 자살
        을 시도하다. 6~8월에 슈테텐에서 신경쇠약 치료를 받다.
1893년 에슬링겐에서 서점원을 일하다 사흘 만에 그만두다.
1984년 시계부품공장 견습공으로 일하다. 2년간 방황, 튀빙겐에서 서점원
        으로 일하며 글을 쓰면서부터 비로소 삶의 안정을 찾다.
1899년 첫 시집《낭만적인 노래들》, 산문집《자정이 지난 뒤의 한 시간》출
        간하다. 가을에 바젤의 서점으로 옮기다.
1901년 최초로 이탈리아 여행.《헤르만 라우셔의 유고와 시》발표하다.
1902년 《시집》발표, 어머니 사망하다.
1903년 서점을 그만두고 두 번째로 이탈리아를 여행하다.

1904년 《페터 카멘친트》 발표하다. 출세작으로 경제적 안정 속에서 문학
의 길에 전념하다. 마리아 베르누이와 결혼 후 보덴 호숫가 가이엔
호펜으로 이주하다.

1905년 첫아들 브루노가 태어나다.

1906년 《수레바퀴 아래서》 출간하다.

1907년 중단편 소설집 《이편에서》 출간하다.

1908년 단편집 《이웃들》 출간하다.

1909년 3월에 둘째 아들 하이너 태어나다.

1910년 《게르트루트》 출간하다.

1911년 셋째 아들 마르틴 태어나다. 화가 한스 슈트르체네거와 함께 인도
를 여행하다.

1913년 《인도에서》 출간하다.

1914년 《로스할데》 출간하다. 1차 세계대전 발발 후 입대 자원했으나 군
무 불능 판정을 받다. 베른의 독일군 포로 후생사업 가담, 극단적
애국주의를 비평하는 글로 매국노 비난을 받다.

1915년 《크눌프》, 《길에서》, 《고독한 자의 음악》, 《청춘은 아름다워라》 출
간하다.

1916년 아버지의 죽음, 막내아들 마르틴 중병, 아내의 정신병 악화와 입
원, 자신의 신병 등이 겹쳐 정신적 위기에 빠지다. 정신분석학자 C.
G. 융의 제자인 베른하르트 랑의 치료를 다음 해까지 받다.

1919년 싱클레어라는 가명으로 《데미안》을 출간하고 이 작품으로 폰타네
상을 수상하다.

1920년 시화집 《화가의 시》 출간하다. 정신적 안정을 위해 수채화를 많이
그리다. 단편집 《클링조어의 마지막 여름》을 발표하다.

1922년 《싯다르타》 출간하다. 부인 마리아와 정식으로 이혼 후 스위스 국
적을 재취득하다.

1924년 스무 살 연하 루트 벵거와 결혼하다.

1925년 《요양객》 출간하다.

1926년 《그림책》 출간하다. 프로이센 예술원 회원에 선출되었으나 1931년

탈퇴하다.

1927년 《황야의 이리》,《뉘른베르크 여행》 출간, 루트 벵거와 이혼하다.

1928년 《관찰》,《위기. 일기 한 편》 출간하다.

1929년 시집 《밤의 위로》,《세계 문학 도서관》 출간하다.

1930년 《나르치스와 골드문트》 출간하다.

1931년 니돈 돌빈과 결혼 후 몬타뇰라의 새집으로 이사하다.

1932년 《동방순례》 출간하다.

1933년 단편집 《작은 세계》 출간하다.

1934년 시선집 《생명의 나무》 출간하다.

1935년 《우화집》 출간하다.

1936년 《정원에서 보낸 시간》 출간하다.

1939년 헤세의 작품이 독일에서 불온서적으로 간주되어 출판되는 것이
       금지되다. 1942년부터 취리히에서 전집으로 펴내다.

1943년 《유리알 유희》 출간하다.

1945년 단편 동화 모음집 《꿈의 여행》, 미완성 소설 《베르톨트》 출간하다.

1946년 《유리알 유희》로 노벨 문학상을 수상하다. 정치평론집 《전쟁과 평
       화》 출간하다.

1947년 고향 칼프시의 명예 시민이 되다.

1954년 《헤르만 헤세와 로맹 롤랑이 주고받은 편지들》 출간하다.

1955년 독일 서적협회로부터 평화상을 수상하다.

1956년 헤르만 헤세 문학상 제정하다.

1962년 8월 9일 뇌출혈로 몬타뇰라에서 사망. 이틀 후 아본디오 묘지에
       안치되다.

데미안

초판 1쇄 인쇄 2023년 12월 8일
초판 5쇄 발행 2025년 1월 20일

지은이 헤르만 헤세
옮긴이 이민정
펴낸이 이효원
편집인 노현주
마케팅 추미경, 석유정
디자인 문인순(표지), 이수정(본문)
펴낸곳 올리버
출판등록 제395-2022-000125호
주소 경기도 고양시 덕양구 삼송로 222, 101동 305호(삼송동, 현대헤리엇)
전화 070-8279-7311   **팩스** 02-6008-0834
전자우편 tcbook@naver.com

ISBN 979-11-94381-19-8 04080
     979-11-89550-89-9 (세트)

올리버 세계교양전집 목록